古·今·香·港·系·列

梁 濤主編

古・今・香・港・系・列

粵曲歌壇話滄桑

魯 金著

三聯書店(香港)有限公司

• 古今香港系列
策　　劃：潘耀明
鄭德華

• 粵曲歌壇話滄桑
責任編輯：李　安
裝幀設計：阿　奇

書　　名　**粵曲歌壇話滄桑**(古今香港系列)
作　　者　魯　金
出版發行　三聯書店(香港)有限公司
香港域多利皇后街九號
JOINT PUBLISHING (H.K.) CO., LTD.
9 Queen Victoria Street, Hong Kong
印　　刷　陽光印刷製本廠
香港柴灣安業街三號七樓
版　　次　1994年7月香港第一版第一次印刷
規　　格　32開(121×184mm)208面
國際書號　ISBN 962・04・1173・0

“古今香港系列”總序

自從“香港學”作爲研究香港的歷史、政治、經濟、地理、文化、教育及風俗等專門學問被提出來之後，旋即引起香港和海內外文化學術界的重視。從實際情況來看，不少香港市民雖然生於斯、長於斯，但對此間社會各方面的演變缺乏應有的認識。“香港學”的異軍突起，相信會有助於促進香港市民關心自己的社會，瞭解自己的社會。

迄今爲止，有關香港社會各個領域的研究，用各種不同形式去開拓的範圍已頗爲寬廣。其中，有的是追溯開埠前的香港前代歷史，有的是探討百多年來香港某個方面的發展軌迹，有的是評述香港的現狀和預測未來的前景。其他如地方掌故、街道命名、風土人情，等等，均見有專題介紹。可以說，不管論者採取的是何種角度，是宏觀還是微觀，研究的項目確實是多彩多姿的。

“香港學”既然已經成爲研究香港社會的一門學問，出版界便有必要與致力於這方面研究的學人携手，共同爲搜集、整理和積累香港的地方史料而努力。多年來，香港學者在各個領域所進行的專題研究，其成績是應予肯定的。倘若我們能夠將這些研究成果，有系統地結集出版，這對於從事“香港學”研究工作，以及有興趣瞭解香港社會的本港和海外讀者，無疑會帶來或多或少的助益。

香港三聯書店有計劃地出版“古今香港系列”，正是朝着這個方向出發的。這套叢書的選題，其內容當然與香港社會相干，但取捨的準則，則考慮以香港人所關注，或以對本地產生過相當影響的人、事、物爲主。至於每種選題均由一位作者作出全面的撰述，這樣的處理是過往類似的叢書所少有的。儘管在編寫、出版過程中不免會遇上困難，但我們仍樂意嘗試走出新的一步。

此外，這套叢書邀請了十六位資深的香港學研究工作者及在本身行業中有豐富經驗和出色表現的人士，組成編輯委員會，彼此交換心得，集思廣益，力圖使整套讀物從選題、內容到形式，均達到較完善的境地。

“古今香港系列”是一套普及性的知識讀物，爲適應讀者的需要，行文力求通俗易懂，生動活潑，取材既有資料性，又具趣味性。總而言之，這套叢書的出版，希冀能予香港史研究者提供有用的參考資料，對“香港學”的健康發展，起到拋磚引玉的推動作用；同時，亦爲香港和海內外讀者瞭解香港今昔面貌帶來一系列多元化的知識。

應當指出，這套叢書中各種選題所作的闡述和探討，並非等於絕對的定論，其中亦可能存在不足之處，希望行家和廣大讀者給予指正。謝謝大家的愛護和支持！

梁　濤

1988年3月1日

前言

香港目前仍然是粵曲流行的年代？也許有人會反對這樣的講法。反對者可能認爲粵語流行曲和國語流行曲已將粵曲淘汰了。但這只是表面現象而已。大家不妨靜心地看看實際的情況。七十年代流行於港九各區的唱粵語流行曲的歌廳，全盛時期有二十多家；現在，只剩下兩家，而且業務正走下坡。至於粵曲歌壇，一直以來均保持三家，最近還多開了兩家。此外，油蔴地街市街一帶，晚上的露天粵曲歌壇數目，從七十年代至今，每個晚上仍維持七個左右，一直沒有減少。

另外，民間由愛好粵曲者組織的粵曲演唱會不計其數，多個社區中心也設有粵曲學習班，每星期亦有一次實習式的小型粵曲演唱會。這些活動，既吸引上年紀的人參加，也吸引年輕人參加。這一大羣的粵曲愛好者，成爲大型粵曲演唱晚會的支柱。而大型粵曲演唱會則多在香港大會堂、香港文化中心、西灣河文娛中心、牛池灣文娛中心，以及新界各區的區域大會堂舉行。若粗略估計，每一個月，最少也有十五個大型粵曲演唱會。這些現象，是粵語流行曲和國語流行曲望塵莫及的。《粵曲歌壇話滄桑》是在這樣的背景下出版的，正符合了社會的需要。

本書系統地將粵曲歌壇的興起和發展的歷史作了詳

細的介紹。例如最初的歌壇源於“大八音”。“大八音”是一種只有唱詞、沒有動作的演唱會，但唱的是全本的戲曲。由於“大八音”受歡迎，才改變爲只唱戲曲中的主題曲，在遊樂場時代產生粵曲歌壇。這些歷史是前人未嘗談及的。

書中又將粵曲歌壇發展到茶樓內演唱的經過加以分析和介紹，同時並沒有忽略了失明藝人對粵曲歌壇的貢獻。書中最後一章就是討論失明藝人的曲藝在二三十年代對歌壇的影響。

有很多早期粵曲歌壇上歌伶的名曲，書中也盡量收入，並且附有一些名歌伶的照片，以增加眞實感。香港大學孔安道紀念圖書館及龍偉民先生爲本書提供了不少珍藏的歌伶照片，令本書生色不少，非常感激!

梁 濤

1993年11月12日

目　錄

上篇

粵曲歌壇話滄桑

歌壇的前身“大八音”

粵曲演唱會的前身是歌壇，這是大家都知道的。但是，歌壇又是怎樣地發展起來的呢？歌壇的前身是大八音，它是從大八音發展起來的。

大八音是一種純演唱的音樂會，這種演唱會的形式是在戲台上排列坐椅，由音樂師坐在台上，每人玩一件樂器，也有玩兩件樂器的，一台大八音最少的成員是八個人，但也有十人至十二人的，他們坐在台上一邊演奏樂器，一邊唱戲曲，唱曲的是音樂師，每位音樂師擔任唱一種角色的曲詞，通常是玩二胡的唱旦，撥琵琶的唱生，玩三弦的唱淨，玩椰胡的唱末，掌板的唱丑，其他行當則分由各樂師擔任。他們在台上演唱的，是全本的戲曲，例如《西廂記》、《三戲周瑜》、《紅梅記》、《穆桂英》、《朱買臣分妻》等，是由頭唱到尾的。觀衆和看粵劇差不多，只是粵劇有戲服、有做手、有打武，大八音則沒有做手和打武，只有唱和唸，所以是一種純演唱的形式。

很多研究粵劇史的朋友，說大八音是在咸豐年間出現的，當時由於佛山瓊花會館的李文茂起義，粵劇被清政府禁演，粵劇中人只好用唱戲的形式出現，以維持生計。這種說法是毫無根據的，須知粵劇演員也不是每一位都懂得玩樂器的，粵劇和其他地方戲曲一樣，伴奏和演員是分成兩個獨立體的，伴奏的樂師，稱爲棚面，演員練功，着意於唱做唸打，並沒有受樂器的“拉撥吹打”的訓練，他們如何能立即拿起樂器去唱大八音呢？所以說大八音起源於禁演粵劇時，粵劇演員拿起樂器來唱全本戲曲是不成立的。

自有粵劇以來，就有純演唱的大八音存在，這是由於適應市場的需要而出現的。我們知道廟會是推動地方戲曲的主要原動力。廟會就是廟裏菩薩的誕期，即神誕，每間廟的神，每年都有神誕，爲了慶祝神誕，必有演戲的活動，這種戲稱爲神功戲。有些廟的香火鼎盛，自然可以請戲班演戲，有些廟的經濟能力較差，便只能請傀儡戲演出，情況再差的，就請大八音來唱戲，因此大八音是和戲班、傀儡戲同時存在的。

大八音和演戲的舞台，從前都是用竹棚蓋搭的，兩

大八音的全體樂師

者最不同之處，是大八音所佔的面積不必太大，因爲大八音無需穿戲服演出，是以舞台不必太大和太深，也不必有後台以及化粧室。對於一些位於市區的廟宇，因受廟前面積限制，不能搭棚演戲，便只能搭棚唱八音。是以大八音並非由粵劇演員擔任，而是和粵劇並存的一種娛樂團體，它們稱爲八音班。

由於唱八音不必穿戲服，也不必道具，是以無須要前幕，而演唱會和演戲最大的分野是落幕。演戲是要落幕的，一場戲完了要將前幕落下，到第二場開始時又將前幕拉開。演唱會是不設幕的，大八音也是不落幕的，而且不設幕，這是大八音是演唱會鼻祖的證明。

本港多間廟宇由於廟前空地的面積太小，不宜於演神功戲，只宜於唱八音。是以在沒有汽車出現以前，這些廟宇都是唱八音的。例如荷李活道的文武廟、灣仔的洪聖廟、卑利街的大伯公廟、西營盤的福德祠等，都不能演粵劇而只能唱大八音。到了交通繁忙時，連唱大八音都不能了。其中西營盤福德祠和卑利街的大伯公廟，每年神誕依然用演唱會形式賀誕，至今維持不衰。當然現時的演唱會不是唱八音，而是唱粵語流行曲和國語流行曲。每年神誕到這兩間廟去看看，就知道演唱會是由唱大八音演變出來的。主要是戲棚的蓋搭，充分顯示出利用有限面積而能容納演出這一特點。

唱八音由於所唱的是全套戲曲，這種演唱形式對民間影響很大。小市民覺得戲曲是不必講究做手和表情也可以唱的，因此也選擇若干的戲曲唱段來唱，在民間形成一股唱粵曲的潮流。一些業餘音樂家也依照唱八音的方式，自拉自唱，組成了很多民間音樂團體，以演唱粵曲爲樂。促成民間業餘粵曲粵樂的音樂團體，並不是粵劇，而是大八音。因爲大八音是直接向公衆顯示，不必研究做手和打武，只須練唱腔，會玩樂器，就可以演唱粵曲爲樂。因此香港各社團早期成立的音樂社，受大八音的影響多於受粵劇的影響。

唱八音除了推動民間組織業餘音樂社之外，同時也推動了妓女演唱粵曲。我們都知道珠江妓女從前所唱的歌，是粵籍的則唱“粵謳”，是外省籍的則唱“南詞”。香港娼妓合法化時代也是一樣。由於高級妓女都稱歌姬，她們名義上是陪客飲酒和唱歌的，是以每一位妓女都要學唱歌。唱八音是將全套戲曲演唱，每本戲都有一些動人的唱段，這些唱段今稱“主題曲”，從前則稱“唱段”。例如全本《三英戰呂布》，有《貂蟬拜月》唱段，《鳳儀亭訴苦》唱段。妓女從唱八音中學會這些唱段，也在客人面前演唱，使人一新耳目，一改從前只唱“粵謳”那種單調的歌曲的局面。妓女對推動粵曲演唱是有很大的貢獻的，這是研究粵曲演唱史的人一向忽略的。本港妓院從水坑口遷到石塘咀去之後，所有的妓女都唱粵曲，而不唱“粵謳”和“南詞”了。

民間既有音樂團體唱粵曲，也有妓女唱粵曲，有了這些基礎，才能發展歌壇。因爲歌壇是另一種形式的粵曲演唱會，和大八音不同。大八音是由神功會的主會者聘請來演唱的，聽衆是不收入場券的。歌壇則是收入場券的，是純商業性的，性質完全不同。

早期歌壇的興起及原因

最早的歌壇是設於遊樂場之內，在本世紀初，本港出現第一間遊樂場，名叫“太白”，設於現時西環太白台之上。太白遊樂場內，設有一座歌壇，歌壇的樂隊全部都是業餘音樂家組成的，至於唱歌的歌者，則全部是石塘咀的妓女。這些妓女都是唱得一口好粵曲，而且是當時知名度最高的紅牌阿姑。

清末，本港社交已漸漸開放，女子已不是三步不出閨門，但是要良家婦女拋頭露面出來唱歌，當時仍然是有所顧忌的。因此太白遊樂場的歌壇，只能請石塘咀的擅歌的妓女演唱。

其後跑馬地的愉園遊樂場和北角的名園遊樂場的歌壇，也是請妓女來唱粵曲的。可見妓女是粵曲演唱的主要支持者，倘若沒有一批妓女，歌壇便不容易興起，有了這批早期的歌姬打開歌壇的局面，再隨着社會發展，才有歌伶的出現。

早期歌壇設於遊樂場，當時頗受市民歡迎，受歡迎的原因有三。第一，歌壇的收費比戲院便宜，同時有一壺茶解渴。第二，歌壇所唱的粵曲都是粵劇中最精彩的唱段，而且也有劇情。雖然歌唱而沒有做手，但唱者亦有“關目”，也秀色可餐。第三是當時一般小市民沒有資格到石塘咀去召紅牌阿姑陪酒唱歌，如今只花幾個銅仙即可欣賞名妓的歌聲和秀色。

但是，在遊樂場開設歌壇，要望天打卦。遊樂場多屬園林式的，如果下雨，便不能演唱。同時，冬天寒冷時也沒有人去，是以早期的歌壇以夏天最旺，但只能在不下雨的日子才旺，若夏天連天下雨，歌壇亦無法營業。

歌壇既然有市場，有很多歡喜聽歌的市民支持，但設於遊樂場的歌壇受天氣影響如此之大，經營者必須想辦法解決這些缺點，其中主要的人物是歌壇的樂師。這些樂師有很多最初是業餘的，但由於收入好，很多已由業餘變爲職業。其中也有一些樂師是八音班的樂師，他們爲維持經常收入，須得想辦法解決歌壇受天氣影響的問題。首先想到的是在秋涼之後，到遊樂場去的人減少的時候，將歌壇移到茶樓去，換言之，打開了在茶樓開設歌壇的局面。

但這並不是說歌壇立即就從遊樂場移到茶樓，夏天炎熱的日子裏，歌壇仍是設於遊樂場內的，因這些場合風涼水冷，涼風陣陣。茶樓在夏天比較炎熱，不宜於設歌壇。是以早期茶樓內的歌壇，自秋涼後才開始，到春夏之交，便又移到遊樂場去，這種情形一直維持到1920年。

最初在茶樓內設歌壇的，可能有幾間，但有紀錄可查的，只有水坑口的富隆茶樓，故可假定富隆茶樓是第一間設歌壇的茶樓。

茶樓歌壇能維持全年演唱，是二十年代才出現的。這裏有一個極主要的關鍵，是電風扇的全面使用，茶樓全部裝置懸吊式的風扇，令到四座生風，才能於炎熱的

如意茶樓全景

設在香港上環永樂街門牌壹零八及壹一十壹二號

（電話總局二一七二）

如意歌壇之全景

如意茶樓的外觀及內設歌壇的情形，約攝於二十年代。

夏天招徠顧客聽歌，歌壇才能完全脫離遊樂場而遷進茶樓。富隆茶樓由於歌壇受歡迎，是以裝置吊扇，設夏日歌壇。於是茶樓可以一年四季開設歌壇了。

除了場地以外，歌壇的興起也要依賴演唱者的支持。

民國成立後，女子受教育的機會提高，社交活動也加强了，社團開設的音樂部，已有很多男女業餘歌者唱粵曲，在民間已培養了一批業餘粵曲演唱者。有很多社團會慶，自己的社團沒有音樂部的，也會情商其他社團到會場演唱粵曲助興。當時本港最著名的粵曲演唱業餘組織，有鐘聲慈善社、南華體育會、中華體育會等，這些民間業餘組織中的優秀者，亦經常被邀請到歌壇客串。

然而，早期的歌壇還是以妓女爲主要的演唱者，一般業餘歌唱者如果與妓女同場演出，會覺得貶低自己的身份。但一些男性的業餘歌唱家，倒不覺得怎樣，因爲他們也常到石塘咀去飲花酒，偶然也在花筵的酒局上客串唱歌的。至於女演唱者，當時仍是有所顧忌的。

先施公司在德輔道中建成之後，公司將天台佈置成園林景色，稱爲天台遊樂場。其中亦有歌壇之設，這個天台歌壇最具特色的是標榜優秀歌唱者，即全部起用業餘歌唱中的優秀女歌者。同時先施公司的員工亦有音樂部之設，在音樂部演唱而成績好的也可以在天台歌壇上演出，讓她們有機會表演。

直至二十年代中期，才有專業歌伶的出現。其中有很多是妓女放棄妓女生涯，改爲職業的粵曲演唱者。她們通常是年紀在廿五歲以上，這年紀在妓院裏已失去競爭力，但她們唱得一口好的粵曲，在妓院內已成爲專門唱歌的“唱脚”。旣然以唱歌爲主，便不再依附於妓院，而專到歌壇來唱歌，於是以唱粤曲爲主要收入的歌伶便誕生了。

香港有兩三間茶樓設有歌壇，又有先施公司天台歌壇，這些從前在石塘咀爲妓女的歌者，每個晚上唱兩三個“台脚”便可以維持最起碼的生活，就不必再到妓院裏去了。而當時妓女是要領牌的，但唱歌卻不必領牌。

然而，單靠妓女獻歌，是不能解決長期演唱的問題的。因爲一年四季開設的歌壇總不能天天唱幾支同樣的歌曲，亦不能天天都是這幾位歌者登台唱歌，必須有大量的歌者支持，亦必須常常有新曲出現，才能吸引長期聽歌的觀衆到來欣賞。是以當時除了業餘的歌唱家之外，另有一批失明藝人，也加入歌壇唱歌。

失明藝人有男性和女性兩種，歌壇邀請演藝頗佳的失明藝人登台唱歌，賦予他和她頗高的地位，男的稱爲“瞽師”，女的稱爲“瞽姬”，有別於傳統低貶失明藝人的稱謂。在民間一般稱男失明藝人爲“盲公”，稱女失明藝人爲“盲妹”。

“唱盲公”和“唱盲妹”是清朝民間娛樂的一種，在廣州流行已久。每天傍晚時分，便有失明藝人沿街拉動胡琴招徠。當時廣州的戲園並非晚晚有大戲演出，即使有大戲演出，又因交通不便，不是人人能去戲院看戲，民間唯一的娛樂就是聽盲公或聽盲妹。通常是街坊中的幾戶人家，每人出十文八文銅錢，待失明藝人經過時，便請他們唱歌，議定多少錢唱一曲之後，便合資請他們演唱，稱爲“唱盲公”或“唱盲妹”。有些唱曲有獨特之處的失明藝人，常有預約演唱。有些富有的家庭，晚上沒有娛樂，就請曲藝高的失明藝人回家演唱。失明藝人稱這種爲“出私家局”。

香港解除宵禁之後，即在1898年後，大量失明藝人前來香港謀生，也沿街拉胡琴招徠。既有街坊合資請他們在門外演唱，也有富家請他們唱“私家局”的。歌壇主事人也有拉攏這些失明藝人到歌壇演唱，故歌壇又獲得一批失明藝人支持，令歌壇常常更換新節目。早期的失明藝人演唱的粵曲多爲南音、木魚、板眼、粵謳之類，到民國之後，由於粵劇流行，失明藝人也學唱粵曲，而不唱單調南音和木魚歌。

此外，歌壇要經常有新歌演唱，才會吸引大批歌迷來聽歌，因此要有撰曲人爲歌者撰曲，歌壇才能向前發展。當時香港有一批文化人，喜作新曲給歌伶演唱，其中有黃言情、羅禮銘、楊懺紅和林粹甫等。粵曲的曲詞與流行曲的塡詞人或作詞人是有分別的，粵曲的作者稱爲撰曲人，而不稱作詞人，主要原因是粵曲並非單純的塡寫曲詞。粵曲的作者要懂得整套粵曲的組織才能寫作，各種歌曲的組合依情節而有所分別，是以粵曲作者除了懂得作詞之外，亦要懂得各種曲的組合，因此不能稱爲作詞，而稱爲撰曲。

舉個例子便可以說明“撰曲人”的確實性質。一首粵曲，是由二黃、中板、滾花、慢板、南音、二流、龍舟、小曲、排子等組合而成，一首粵曲的撰曲者要將這些曲牌組合起來才成一首粵曲，他必須選擇其中若干種的曲牌組成他所寫的粵曲，因此粵曲作者並非單單塡上

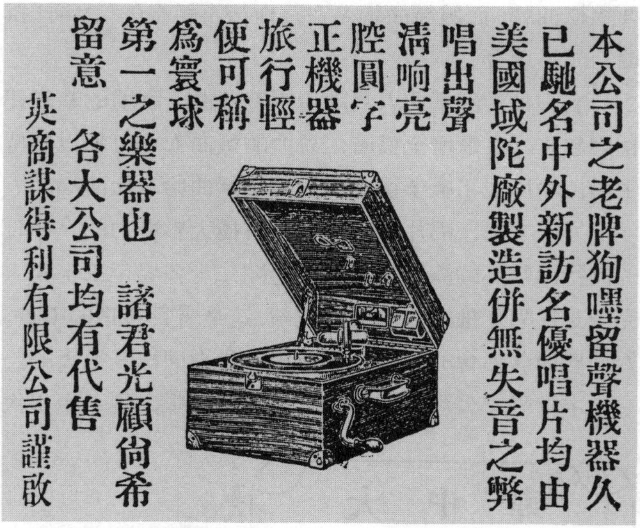

二十年代的留聲機廣告

曲詞，他是要懂得如何將各種曲牌組合而成一首粵曲，並將組合寫上曲詞。換句話說，撰曲人要兼備組曲和填寫曲詞兩種才華，方能寫成一首有內容的粵曲。

粵曲又必須依照粵劇的習慣來組曲的，例如開始時唱“倒板”或“首板”，都有一定的習慣，“倒板”用於失敗時，首板則作嘆息之用，通常的粵曲開始時有“詩曰”，而結尾時分爲兩句“滾花”。至於寫到悲哀的情節，要用南音或長句滾花等曲來表達，都有一定的規矩的。粵曲寫作者不能忽略此種組合的格式。還有，在寫作時要懂得運用各種“介口”，又必須懂得“上句”和“下句”。粵曲的押韻分“上句”和“下句”，較其他地方戲曲爲嚴格，因此實際上寫作粵曲，是和編寫粵劇劇本同樣要具備這許多知識的。寫作粵曲並非作詞或填詞，因作者要組織曲牌，而組織曲牌是在寫作後再組合的，故稱“撰曲”頗爲適合。

有一批業餘撰曲人爲歌伶編寫新曲，歌壇的基礎便穩固起來。在歌壇全盛時，粵曲的撰曲人亦可賴以維持生活，而出現了職業撰曲人，專門撰曲給歌伶演唱。

另一方面，唱片是對演唱會有極大影響力的。今日的流行曲歌星的演唱會，能夠連開二十多場至三十場，完全是靠唱片推動才能有此成績，這是有目共睹的事實。對於粵曲演唱會的歌壇，唱片的推動力同樣是很大的。

本港唱片公司在1919年已有唱片出版，到二十年代

圖爲一九二四年發行的大中華唱片粵曲專集《戲考》

規模漸大。唱片公司除了邀請粵劇名伶灌錄粵曲唱片外，也請歌壇的粵曲演唱者錄唱片出版。由於當時有留聲機器的家庭已很多，唱片因留聲機的流行而有銷路。是以可以維持唱片的出版。由於唱片公司聘請歌壇的粵曲歌唱者灌錄唱片，直接將歌壇的歌聲帶進家庭去，於是也引起家庭婦女到歌壇去聽歌。歌壇獲得一羣家庭聽衆的支持後，便更生意興隆，開設歌壇的茶樓也不斷增加了。

廣州、香港、澳門是三個互相影響的城市。香港有歌壇之設，廣州和澳門亦有歌壇之設。當香港有先施公司天台遊樂場時，廣州大新公司和澳門的總統酒店的天台也設遊樂場，同時也開設歌壇。香港的富隆茶樓和如意茶樓開設歌壇，廣州的城珠茶樓，澳門的金龍茶樓亦開設歌壇，於是廣州和澳門的歌壇唱家，便可以和香港的唱家互相交流演唱，令到演唱粵曲的歌壇不斷有新的刺激，更能吸引聽衆。

廣州和澳門的歌壇唱家，初時也和香港一樣，主要唱家都是妓女中的著名歌姬。澳門當時也是娼妓合法化的，妓院集中於福隆新街一帶，廣州的妓院則集中在陳塘一帶，都有著名的歌姬。這些歌姬到香港歌壇來演唱時，已不是以妓女的身份演唱，而是成爲專業性的粵曲演唱者。兩地的瞽師和瞽姬，也到香港的歌壇演唱，豐富了歌壇的節目。

唱片公司亦請這些來自廣州和澳門的歌姬、瞽師和瞽姬灌錄唱片，當時著名的瞽師盲德，著名的瞽姬蓮好，都來香港演唱，也在香港灌錄唱片，他們的唱片向省港澳推銷，直接爲歌壇宣傳，於是他們也成了歌壇的明星。

二三十年代歌壇繁盛時期

1929年是香港歌壇開始繁榮的一年。當時已有四間歌壇在香港出現，除如意茶樓和富隆之外，還有平香和添男兩茶樓，到三十年代更推向高峯，中區有蓮香和高陞兩歌壇，九龍的大觀亦設有歌壇。

1929年爲什麼是歌壇走向繁榮的開始？主要的原因是香港電台的中文節目在這一年出現，廣播電台播放的中文歌曲，以粤曲爲最大宗，亦即主要播放歌壇歌伶所唱的唱片歌曲。無形中廣播電台替歌壇做了義務宣傳員。

此外，涼茶舖也是一個替歌壇傳播歌曲的重要媒介。

涼茶舖雖然靠賣涼茶，但卻是未有廣播電台時的傳播粤曲的傳媒體，涼茶舖爲了招徠顧客，在舖內置一座大型的留聲機，這種留聲機的喇叭筒特別大，可將唱片的歌聲擴大到連門外的人都聽到。涼茶舖的涼茶每碗一仙，陳皮梅和桂花欖一仙有三包，到涼茶舖去聽粤曲、飲兩碗涼茶吃一碟陳皮梅或桂花欖，所花不過三仙，適合普羅大衆的消費。無能力到歌壇去消費的低下層市民，可以到涼茶舖去聽粤曲。

二十年代的涼茶舖每晚有節目預告，店主在店前用白粉筆寫於黑板上，預告今晚播什麼人唱的唱片，晚晚的節目不同，其中有歌壇名歌姬的唱片，亦有名粤劇演員的唱片，吸引顧客進來飲涼茶聽歌。是以涼茶舖也是屬於歌壇之一，只是屬於播唱片的歌壇罷了。由於晚晚播唱片，無形中起了一種傳播作用，將歌壇的名曲介紹給普羅大衆，於是在他們有錢的時候，也會到歌壇去聽一次歌。

當香港電台播放粵曲唱片時，涼茶舖也購置大型的收音機，將電台的節目轉介給普羅大衆，使一般買不起收音機的人也能聽無綫電廣播。香港電台這種做法，不但把歌壇粵曲介紹給全港市民,也提高了歌伶的知名度。

進入三十年代，歌壇發展起來，於是有一批以唱粵曲維生的歌伶出現。早期的歌伶，年紀很輕，不過十五六歲。這些歌伶，是和香港宣佈禁娼有關的。

原來在娼妓合法化的時候，妓院中的鴇母、傭嫂，以及一些老傭婦，均有收育養女，讓她們讀幾年書，到十二三歲時就開始請師傅回來教她們學習唱粵曲和打揚琴，以便到十六歲時帶她們到妓院去當"琵琶仔"，這種收育養女使之長大後當"琵琶仔"的行爲，俗稱"糟豬花"。自娼妓合法化時開始，這種"糟豬花"的勾當即已存在。須知妓院不斷要補充新血，而高級妓院中的歌姬，是不能靠迫良爲娼來補充的，良家婦女不懂得打琴唱曲，不懂得應酬貴客的方法，因此只能收買窮家的女童回來，自幼加以培養，作爲妓院的後備軍，當時石塘咀的妓院，每間都有一兩名"琵琶仔"的。通常"琵琶仔"都是窮家女，她們的父母因家貧不能養育，在六、七歲時便賣給人家，妓院中的鴇母和傭婦，買一兩名相貌端正的窮家女來糟豬花。由於希望她將來成爲自己的搖錢樹，故而讓她們讀書識字，學習禮儀，再逕到妓院當一至兩年"琵琶仔"，就可以成爲高級妓女。

自從香港政府宣佈三年內禁絕妓院之後，第一項步驟是不接受新妓女領牌、第二項步驟是不再批准新妓院牌照，於是這些糟豬花的人，看見歌壇蓬勃發展，就決心將養女培訓成歌伶，讓她在歌壇上演唱，一旦唱出名堂時，也是一株搖錢樹。這是早期專業歌伶的年紀，大部分是十五、六歲的原因。

另有一些專業歌伶，是從前石塘咀的歌姬，她們在塘西風月時，爲富有的客人以重金收納並帶回家作妾，但被富人的正室驅逐，或不堪刻薄而逃走，這些已從良的妓女，回到香港，又因宣佈禁娼不能重操故業，只因從前唱得一腔好粵曲，便改一藝名投入歌壇作歌伶。三十年代很多歌伶都有一段可憐的身世，包括多位成名的歌伶。

1931年至1935年是省港澳三個城市的繁榮年代，這是由於1925年至1927年的動亂時代，經過兩三年的穩定，經濟開始復甦。世界經濟亦在1929年的大蕭條後，漸漸復甦。這期間廣州建了海珠橋，澳門進行新口岸的塡海工程，香港的灣仔塡海區亦興建了很多新建築物，很多華僑看見省港澳的穩定亦回來置業及投資，工商業因而發達，因此歌壇便得到發展。到1935年，是省港澳三地歌壇的全盛時期，徐柳仙、小明星等歌伶，是在這時興起的。此時的歌伶自成一派唱腔，有別於粵劇演員的唱腔。

在此之前，在歌壇上唱粵曲的歌伶，全部是仿效粵劇演員的唱腔演唱粵曲的，例如飛影，唱的是霸王腔，是仿照粵劇演員的唱法的。當粵劇演員改用廣州話唱戲時，大家都放棄以前所謂的高腔，而改用平喉演唱，歌伶亦用平喉演唱。所謂高腔，實即用假聲以達到高歌的目的。因假聲難以咬字正確，在使用戲棚官話演唱時，不必求其正音，廣州話有九聲，若用高腔唱廣州話的粵曲，則坭西、寮刁等韻，便不易咬字正音，故不得不改用平喉，使字音能於唱曲時咬字正確。特別在只唱不做的粵曲歌壇上演唱，要人人聽得懂曲詞所表達的劇情，感情和關聯的詞藻，更需要用平喉。由於各人運用自己的眞聲來唱平喉，便形成各自的唱腔。徐柳仙的唱腔與小明星的不同，而張月兒的唱腔又與她們的不同，於是出現了各種不同唱腔的歌伶腔，完全脫離粵劇而獨立。

阮兆輝曾寫過一篇〈粵曲的成長過程〉，大意是說別的地方戲曲是先有唱曲然後有戲的，但粵劇是先有戲才有唱曲的，他指出粵曲歌壇是由粵劇發展起來後，才脫離粵劇而形成各種歌伶腔的，是頗有見地的看法。不過他並不知道直接影響歌壇的是唱戲的大八音，而不是粵劇。大八音是演唱粵劇的一種組織，她是建立只唱不做的演唱基礎的組織，如果沒有大八音作爲演唱示範，歌壇是不能發展起來的。

1937年7月7日，日本發動盧溝橋事變之後，不久廣州遭日機轟炸，廣州的歌壇受到影響，大批歌壇上的歌伶都來香港定居。香港的歌壇反而更加興旺。到1938年10月廣州淪陷，大量廣州人深入香港和澳門，歌壇的聽衆亦增加了一大批，著名的小明星、徐柳仙正是這個時候才長期在香港歌壇演唱的。

關於粵曲演唱會除歌壇之外，還有兩種形式的演唱會，其一爲籌款演唱會，其二爲廣播電台的演唱會。

關於籌款的演唱會，每年都有幾次，其中一次爲東華醫院籌款，差不多是定期舉行的。其次是爲保良局籌款。此外，爲救濟國內的自然災害，例如水災、蝗災、火災等，差不多每年都有一至兩次的。這等籌款的演唱會，通稱爲“慈善遊藝大會”。

慈善遊藝大會有醒獅表演，有學生的歌詠和舞蹈表演，其中粵曲演唱，是主要的演出。除聘請粵劇紅伶登台唱粵曲之外，也請歌伶演唱。由於演唱時拍和的樂隊是業餘音樂社的樂隊，是以粵曲演唱時亦必有業餘演唱者的演唱。這些業餘演唱者後來都成了名，成爲著名的粵曲中的票友，或稱玩家，但有別於職業性的歌伶。

自從1929年香港電台將中文廣播獨立播放，稱爲ZEK電台之後，中文電台晚上的粵曲節目，每星期有兩晚是邀請本港各主要業餘音樂社到電台去擔任粵曲演唱。由於香港電台提供演唱機會，直接促使本港各社團組織音樂部訓練會員唱粵曲。著名的業餘音樂社，有鐘聲慈善社、先施公司、永安公司、太古船塢、華員會和聯義社附設的音樂部，此外各同鄉會和社團，都紛紛設立音樂部學唱粵曲。電台亦仿照歌壇的方法，將曲詞齊集，交給報章發表，俾聽衆能夠手持曲詞欣賞每一首粵曲。這種電台演唱會對推廣粵曲演唱有很大作用。

1938年8月13日，全港茶樓、酒家、餐廳、飯店發動一仙救國運動，由於歌壇附設於茶樓，是以歌壇也加入運動行列。

當時是使用銅仙的年代，很多物品都以仙士爲售價單位。茶樓的茶價，亦以仙士爲計算單位，一般茶價是每位二三仙，五仙的茶價已是高級茶室的茶價。當時的點心是三至五仙一碟，湯麵、湯蛋粉售七仙，炒麵是一毫二仙一碟。是以這一次“一仙運動”，頗受歡迎。籌得的款項，是交由中山大學戰地服務團購物到抗日前綫去勞軍。這戰地服務團在香港設立辦事處，位於得雲茶樓對面的何東行七樓內。

一仙運動的辦法是凡光顧的茶客，每位茶價加一仙，這一仙作爲勞軍之用，而茶樓酒家，亦同時出一仙捐作勞軍。換句話說，顧客捐一仙，酒家茶樓的老闆亦捐出一仙，即是有兩個仙的捐款。這是別開生面的捐款運動。

當時附設於茶樓內的歌壇，每位收茶價三毫，爲了響應一仙運動，茶樓收三毫一仙，茶樓老板則再捐出一仙，他實收二毫九仙，別以爲每人捐款一仙，不會捐款很多，原來這一天的捐款，共得二萬七千多元。

經過這一次“一仙運動”之後，附於各茶樓的歌壇，從1939年至1941年這三年間，歌壇每年都舉行一次義唱。義唱多由著名的歌伶駐場的歌壇聯合義唱，例如小明星當年在蓮香和平安演唱，徐柳仙在高陞與添男演唱，於是蓮香與平安兩茶樓的歌壇，同時義唱，而高陞與添男的歌壇，則又聯合義唱。兩集團的義唱日期相距約幾個月，避免重複和過於接近。

爲什麼義唱的歌壇要聯合義唱呢？這因爲小明星在蓮香和平安兩歌壇演唱，歡喜聽小明星唱歌的人，如果樂於捐款支持抗日戰爭的，若只得蓮香茶樓歌壇義唱，便會湧向蓮香茶樓的歌壇，於是便擠得水泄不通，不願捐款的則湧到平安茶樓去聽小明星唱歌，小明星便認爲不公平，因此要求兩間茶樓歌壇聯合義唱，這是聯合義唱的原因。

不過，“一仙運動”的成功與當時歌迷熱烈的捐款是分不開的。從前也有專門擁護某一粵曲歌伶的歌迷，這些歌迷雖不會組織歌迷會，但卻又經常聯絡，同時自稱爲某一歌伶的歌迷，故傳媒給他們一個頗爲特別的名稱，稱爲“舅少團”。

舅少即是舅仔，舅仔是新娘的兄弟。由於當時著名的歌伶都是女性，而且都是年輕的女子，擁護這些女歌伶的歌迷，便像歌伶的兄弟一樣，維護這一歌伶無微不至。因此當時在報紙上寫歌壇專欄的作者，稱他們爲舅少團，即表示他們對某一女歌伶之擁護，親同姊妹。是以他們被稱爲某一歌伶的“舅少團”，而不覺得是個不雅的名稱。

今日流行曲的歌迷會，對於所擁護的歌星的演唱會，必然熱烈捧場，很早就郵購入場券。但當年的粵曲歌伶，是每晚都在兩個歌壇演唱的，舅少團不僅晚晚到來捧場，而且還追隨歌伶過場，情況是十分熱鬧的。

舉個例，小明星在蓮香茶樓的歌壇演唱，她唱的時間是九時至十時，唱完之後，便到上環的平安茶樓歌壇去唱十時二十分至十一時二十分。舅少團於八時便到蓮香歌壇去霸位，在接近舞台的幾張大枱，都坐滿了“舅少”。等到小明星唱完蓮香之後，到上環平安茶樓時，舅少團便一窩蜂般隨着小明星到平安歌壇去，繼續聽小明星唱歌。

由於舅少團經常有二十多人，平安茶樓的歌壇，亦預先將近舞台的幾張枱號定爲舅少團的座位，因此舅少團從蓮香到平安去，亦立即有最佳的座位入座。是以當時歌壇上，近舞台的幾張枱，是一早預定的，稱爲舅少團座位。當時小明星的舅少團與徐柳仙的舅少團人數最多，而張月兒和小燕飛亦各有舅少團。舅少團是風雨不改的，每晚必追隨歌伶進場。

日佔時期及戰後的歌壇

淪陷時期，即1941年12月25日開始的三年零八個月的日佔時期，香港仍然有歌壇之設，主要是當時香港沒有什麼娛樂，歌壇便成爲唯一的娛樂場所。

淪陷時期雖然是香港人的苦難時期，市民生活困難，糧食不足，應該是沒有能力去娛樂的。但是如果對社會發展有研究，應該了解到任何一個困難的社會，亦有一批人並不困難的。換句話說，社會上必然出現一批新興階級，這些新興階級的收入比一般人好，他們也需要娛樂。香港淪陷時期，有一批人在日政府各機關內做事，在日本人的工場中工作，又有一些人因囤積自用品而發財，也有一些商人到外國地區去購買糧食和副食品來港賺錢。這批人當時唯一的娛樂，就是到歌壇去聽歌。

原來淪陷時期所有電影院，一律禁止放映英美的影片，只准放映日本影片。這些電影完全不適合香港人的口味，只有日本人去看。其他電影院，只放映以前香港拍攝的影片，等於現時電視台播映的粵語長片一樣。差不多每套電影放映七八次，已失去娛樂價值。只有歌壇，則晚晚有新歌演唱，是以歌壇仍能維持下去。

淪陷時期歌壇上最動人的事件，是李少芳在蓮香歌壇上唱一曲《光榮何價》而被日軍拘捕。日軍指《光榮何價》這首粵曲是諷刺日軍的赫赫戰果所取得的光榮究竟有何價值。

當時日軍正在慶祝攻佔新加坡和“東亞共榮圈”的組成。日本正大力宣傳皇軍的光榮勝利! 李少芳在此時此地在歌壇上唱“光榮何價”，難免被日軍視爲諷刺他們了。

經過“光榮何價”一役，淪陷時期的粵曲創作，完全不敢反映社會，撰曲人全部都把曲詞當作宋詞來推砌，無非是寫風花雪月，或是閨女恩情等題材。這一趨勢，一直影響到戰後很久，令到粵曲的曲詞全無新意。

廣州和香港一樣，香港淪陷後由於日本强迫香港人疏散，有很多人經湛江入內地，亦有人經澳門入內地，故廣州也有歌壇。

戰爭結束後，香港復員，歌壇是最先恢復起來的娛樂事業。這因爲在日治時期，歌壇從未停止營業。戰爭後期，由於日本軍費枯竭，爲了搜刮軍費，曾經大開賭禁。當時的高陞茶樓，二樓闢作“娛樂場”，由投得賭館的公司，租來開番攤和骰寶，爲了吸引賭客，三樓仍開歌壇，是以歌壇並未停止。正因如此，歌壇恢復得很快。到1946年，戰前的歌壇，差不多可全面恢復。

由於小明星在戰爭時期於廣州病逝，徐柳仙亦因戰爭時期去了內地，沒有在歌壇出現，因此當時歌壇上出現很多星腔和仙腔的新秀，其中陳輝紅、辛賜卿、梁瑛、李慧，都是戰後崛起的著名粵曲歌者。他們初時仍仿效小明星和徐柳仙的唱腔演唱，但由於要不斷唱新歌，在唱新歌時漸漸便形成自己的風格，因此也不必再模仿別人。其中只有陳輝紅由於是小明星親傳的弟子，被公認爲眞正的小明星腔的傳人。

由於歌壇在戰後蓬勃興起，需要很多新曲供演唱者演唱，戰前爲小明星和徐柳仙兩位著名歌星撰曲的撰曲家，便可以趁此機會作專業的撰曲人，這兩位專業撰曲人就是吳一嘯和王心帆。

經過比較和分析，事實上歌壇的全盛年代，並非戰前的三十年代，而是戰後的五十年代，三十年代只出現了小明星和徐柳仙。但五十年代，在歌壇上唱紅的歌星，則有六七名之多，而各種唱腔的定型，也是在五十年代開始的。

舉個例，新馬師曾是在戰前成名，但戰前並沒有新馬腔的出現，五十年代由於歌壇的鼎盛，在歌壇上模仿新馬師曾的唱腔演唱粵曲而被定型爲新馬腔的，有梁無相和江平。當時歌壇上出現了很多唱粵劇演員唱腔的歌者，他們乾脆用粵劇演員的名表示他們是仿效該演員的唱腔，於是有新芳艷芬、新紅綫女、新何非凡、小何非凡、小芳艷芬等。他們在歌壇唱紅之後，還錄了唱片。

這裏談到的唱腔問題，有些粵劇界朋友說，從前粵劇演員是沒有什麼唱腔的，例如著名的靚少華、靚新華、白玉堂、千里駒等都沒有所謂靚新華腔、白玉堂腔、千里駒腔的。後來才有各種大老倌的唱腔，例如何非凡腔、芳艷芬腔、紅綫女腔、新馬仔腔等。他們不知唱腔之被界定，是由於粵曲演唱者模仿粵劇演員的唱法而來，並非由粵劇大老倌自己稱其唱腔爲某某腔。

由於靚少華，靚新華、千里駒等名伶演出的年代，粵曲演唱者多爲歌姬，她們是隨樂師指導而唱粵曲的，沒有模仿某人唱法的機會，是以自成一種唱腔，通稱爲女伶腔。到薛覺先和馬師曾在香港演對台戲，並灌錄不少唱片時，很多業餘粵曲演唱者才模仿二人的唱腔，在歌壇上演唱，於是有薛腔、馬腔的出現。因此唱腔實際是由粵曲演唱者模仿演員的唱法而形成的。其中主要是在初登台演唱時，司儀爲了突出他的唱腔，故稱之爲薛腔泰斗或馬腔泰斗等。

換句話說，有粵曲演唱者模仿某演員的唱法，才能出現某演員的唱腔，如果沒有人模仿，就沒有這位演員的唱腔。薛覺先、馬師曾死後已沒有人模仿他們的唱腔，於是薛腔、馬腔亦消失了。芳艷芬雖然退出粵劇舞台十多年，因爲一直有人模仿她的唱腔，因此芳腔仍然存在。紅綫女離開香港亦十多年，粵曲演唱者仍模仿她的唱法，因此女腔仍在，阮兆輝、羅家英、梁漢威等都有獨特的唱腔，但由於沒有人模仿，故還未出現輝腔、英腔和威腔。

這是從整個粵曲演唱發展史中得出的道理，並非理論。最近有位朋友在某報上撰文，認爲一些“內行人”將“戲曲”、“曲藝”和“音樂”三者混淆不清。他認爲“粵劇”、“粵曲”和廣東音樂是不同的。其實這位朋友不知道這三者在歌壇上是三結合的，不能用音樂理論去分析。歌壇上模仿粵劇演員唱腔者唱的是戲曲，女伶唱的是她的曲藝，歌壇在間場的時候，樂隊演奏的“譜子”，即廣東音樂，故歌壇是三結合的。

五六十年代歌壇由盛轉衰

歌壇後來爲什麼衰落? 爲什麼屢次努力復興而不成功? 研究這些問題，要用社會學的方法去研究，才能找出眞原因。

五十年代本港人口結構，十九歲至四十五歲的人口佔大多數，這一批是勞動力人口，是維持香港生產力的支柱。當時雖然工資低微，但生活程度也低，有能力作有限度的娛樂消費。這些人口在戰爭歲月之前，也或多或少接觸過粵劇、粵曲，除了二十一歲以下的勞動人口，在孩提時期隨父母聽過粵曲，看過粵劇之外，其餘廿二歲以上的人口，很多都到過歌壇去聽粵曲演唱，他們對粵劇、粵曲有一定的愛好，是以五十年代成爲歌壇最蓬勃的年代。

在這個年代裏，粵語電影的製作路向，也是朝着這羣有生產力的人口的趣味去製作的，大量的粵語歌唱片是在五十年代產生的，而粵劇也在這整整的五十年代中蓬勃起來。

當時香港基本上經常有四班粵劇團演出。高陞戲院和普慶戲院各據一班，中央戲院和新舞台各據一班，共有四班戲輪迴演出。利舞台當時已不演出粵劇，專演西片。由於歌壇、粵劇、歌唱粵語影片的蓬勃，亦刺激起文化界的參與，當時也是“娛樂報”最蓬勃的時候。

筆者檢查五十年代所存的資料，其時有《眞欄日報》、《明星日報》、《娛樂之音》、《麗的呼聲日報》等，其後有《明燈》、《銀燈》兩小型彩色版面的日報，這些報紙有粵劇的劇評，也有歌壇的曲藝評述。著名的評曲人有禮記、周郎、黎紫君等。

明白五十年代歌壇全盛期的社會背景，才能明白進入六十年代中期歌壇開始衰落的原因。當時新一代的青年人，即十九歲至廿四歲這一羣人口，以及十九歲以下的青少年，他們在香港受教育，接受西方文化，主要是在努力學英文，趨向於看英美電影，接受歐洲流行曲。這時兩大廣播電台播放的節目，粵曲已漸漸減少，歐西流行曲和國語時代曲則大量增加，都是爲了適應這一羣人的口味。

然而，對粵曲歌壇衝擊最大的並非有綫電視，而是無綫電視。有綫電視於五十年代出現時，由於播映時間並不長，而且收費昂貴，故未對歌壇造成不良影響。不過麗的呼聲的有綫電視每年擧辦的歌唱比賽，則開始影響當時青年人的心理，因爲歌唱比賽的項目，竟無粵曲歌唱在內，只有歐西流行曲、國語時代曲和藝術歌曲組，其後又增加了樂隊演奏組，把粵曲歌唱拒之於門外。這樣造成一種不良的印象，在青年人心目中，把粵曲演唱視爲不入流的歌唱。

發起全港歌唱比賽的是本港一間報社，而比賽是這間報社與有綫電視台合辦的。報社爲了爭取年輕一代的讀者，不惜將粵曲演唱拒於歌唱比賽的門外。近年來該報有些專欄作家驚嘆粵曲歌壇的式微，並大力提倡這種傳統的曲藝演唱，但他們並不知道造成今日的後果的，是該報社當年的政策。到無綫電視出現之後，無綫電視自辦歌唱比賽，仍是繼承有綫電視的模式，只是將始作俑者的該報拒之於門外。這時期，年輕人愛唱時代曲和歐西流行曲；中年或以上的人才愛聽粵曲，這羣人口雖然爲數不少，但因爲晚上電視的節目都是最精彩的，人人都在家裏看電視，就不能到歌壇去聽歌，歌壇由於聽衆的減少而支持不住了。

無綫電視的興起，不僅影響歌壇的生存，連粵語影片也大受影響，粵劇更不能晚上演出了。因爲晚上七時至十時的這一段時間，是電視台最精彩的節目播出的時間，而歌壇、粵劇、電影，都是在這段時間演出的。電視節目既把這大羣顧客留在電視機前，歌壇、粵劇、電影的顧客就大量減少。當時不僅歌壇歇業，電影院也有多間結束，粵劇團亦有多個解體。

我們研究粵曲演唱的歷史，不能用表面現象去分析。有些作者說歌壇衰落的原因是沒有新人接班，演唱的形式古老，故而注定衰落。想一想假若歌壇仍保持一定的聽衆，是肯定不斷有新的接班人的，亦肯定有新的形式演唱和演奏。故上述說法都是倒果爲因的論調。

粵語流行曲的興起，是在粵曲歌壇衰落的時候，因此粵語流行曲並非粵曲的對立物，而是粵曲的共生物，粵語流行曲的流行，對粵曲演唱有一定的助力。

當本港年輕一代於七十年代和六十年代後期，熱心於學唱國語時代曲和歐西流行曲時，他們越是熱衷於歌唱，越會發覺這兩種歌曲的語言並非香港人日常所用的語言。人們在香港日常使用的是粵語，使用非常用語言唱歌，聽的人聽得並不十足，演唱者的感情也難表演得十足，早期由於成爲時髦的玩意，大家沒有理會這種大打折扣的表演和欣賞。

可是，社會上總有一些有理想的人，其中一羣接觸粵曲演唱的音樂人，認爲應該用粵語演唱時代曲和歐西流行曲，這羣音樂人是發起粵語流行曲的先鋒。

粵曲中的小曲和粵劇曲詞中的小曲，撰曲人很早以前就將歐西流行曲和國語時代曲譜入曲詞中，《璇宮艷史》裏的小曲，是最先將歐西歌曲用作小曲的，其餘《秋水伊人》、《滿場飛》、《夜上海》等國語時代曲，常被撰曲人利用。就是說，不僅在理論上可將任何歐西流行曲和國語時代曲塡上粵曲詞句演唱，演唱的形式亦可以粵曲演唱和歐西歌曲演唱，完全可以任君選擇。他們開始用歐西流行曲、國語時代曲、及日本流行曲塡上粵語歌詞，並嘗試創作粵語流行曲。

這種用香港人日常用語演唱的歌曲，以雷霆萬鈞之勢出現，到八十年代初，即已成爲香港的歌曲，很多經典歌曲在當時產生。

我們看看所有經典粵語流行曲的曲詞，便知道塡詞人是粵曲的愛好者和欣賞者，他們深諳粵曲的個中三昧，才能寫出永垂不朽的經典粵語流行曲。粵曲的特點是嚴格分爲上句與下句的，上句用陽韻時下句用陰韻，一陰一陽交替運用，是粵曲撰詞人的基本功夫。讀者可將顧家輝、黃霑、鄭國江、盧國沾等粵語流行曲的塡詞人的作品仔細研究，便知道粵語流行曲和粵曲的血緣關係。

此外，粵曲的音樂部分，是以五聲音階爲主的，主旋律常用“工尺合士上”，這就是五聲音階。所有粵曲中的梆黃，基本上是“工尺合士上”再間以“反”和“乙反”。用簡譜說明，則是用“12356”間以“4”和“7”。五聲音階的歌曲，最容易上口，同時亦最易爲聽衆接受。粵曲前期是用舞台官話唱的，其後能迅即改用粵語演唱，正是因爲粵曲的曲譜以五聲音階構成，這種音階既方便填詞人填詞，也方便演唱者用粵語演唱。

粵曲中將國語時代曲曲譜加入曲中，大部分是五聲音階的作品。《天上人間》、《滿場飛》等，都是五聲音階的作品。因此舉凡用五聲音階寫作的歌曲，都可爲粵曲所用，不論是國語時代曲還是歐西流行曲。這一特點，也成爲粵語流行曲的特點。

顧家輝的經典粵語流行曲，大部分都是用五聲音階作曲的，這些名曲，配上精通粵曲作詞法的塡詞人的絕妙好詞，便成爲永遠傳誦的名曲。再看其他標奇立異的作曲人所作的歌曲，只能流行一時，不久就低沉下去了。這就是因爲這些歌曲，不用五聲音階作曲，塡詞人便無法將歌曲分爲上下句，也難於用陰陽韻交相運用，是以上口不容易，也不能歷久傳誦。

今日歌壇面貌

由於粵語流行曲和粵曲有血緣關係，因此在粵語流行曲流行的今日，粵曲歌唱也有復興的趨勢：粵曲的聽衆的年齡因而逐年下降，粵曲演唱者也有很多年輕人參與。

不過，歌壇這種形式的粵曲演唱反而無法復興。自七十年代起，很多有心人希望把歌壇復興起來。雖然不斷努力，亦只能間歇性地演出。付出最大努力的是一個名叫“今樂府”的歌壇，支持“今樂府”歌壇的是著名的馮華。他在這二十年來，不斷將“今樂府”維持在歌壇的形式中演出。由於現代的茶樓已由酒樓所代替，酒樓以晚飯和酒席爲主要的營業對象，因此晚上七時至十一時的昔日歌壇時間，已不可能供作歌壇之用。“今樂府”只好求其次，改在每天下午二時半至五時這段時間在酒樓的下午茶市中演出。

但由於下午二時半至五時這段時間，是上班時間，在全面就業的香港，能夠抽出時間來欣賞粵曲的人並不多，因此聽衆只能局限於退休人士，而下午茶座式的歌壇也難以維持下去。

“今樂府”只有星期六和星期日下午最多聽衆，但是酒樓覺得星期六和星期日的下午茶市仍很旺，實在毋須靠歌壇來號召，因此“今樂府”的粵曲歌壇，便不能長駐一間酒樓演出了。

但領導“今樂府”的馮華並不罷休，二十年來他的“今樂府”不斷找尋可供演出的酒樓，有時酒樓找不到立足點，便找一間茶餐廳來立足。“今樂府”至今仍在演出，可以說是一個長壽的歌壇。1990年“今樂府”歌壇在深水埗南昌街一間茶餐廳內演出，後來才搬到油麻地廟街一酒家中演出。

歌壇是一種極保守的演唱形式，由於它不能在工作時間內演出，但若要像從前歌壇在晚上演出，又缺乏演出場所。這是歌壇無法恢復全盛期的狀態的主要原因。

既然歌壇不容易復興，那麼如何證明粵曲演唱有復興的迹象呢？首先，我們看看民間社團的業餘音樂組織，它們漸漸恢復了粵曲的練習和演唱。每個社區中心，都

“今樂府”歌壇廣告

有粵曲班之設，這些粵曲班，很快就滿額，儘管社區中心也有粵語流行曲班、歐西流行曲班，但並不影響粵曲班的滿座。其次，還有很多富家太太、小姐，以及先生們，都有請樂師回家指導唱粵曲的。有些樂師只教幾位太太學唱粵曲，收入已足夠一家的生活費用。這一事實外行人很少留意到，有一位粵劇的班主，在組班演戲時，發現棚面的樂師要求的薪酬不斷提高，初時以為他們故意留難班主，後來深入了解，才知道樂師們的實際收入是在教唱粵曲，他們要推掉教唱粵曲的約定日期才能落班，是以不得不提高待遇。因此現時粵劇演出的費用相當龐大，音樂部分的成本亦頗高。

這就是說，在民間，無論在上流社會或中下階層，粵曲演唱已有復興的趨勢。至於粵曲演唱的場所，亦有適合各階層人士欣賞和表演的場地。晚上油蔴地街市街與廟街相接的一段路邊，經常有五個粵曲演唱攤檔演出，每一個攤檔都有一批基本的有座位的聽衆，非常熱鬧。

此外，本港也有多個場地供粵曲演唱會之用，高山劇場、各區域市政局管理的區域大會堂，都經常有粵曲演唱會，這是提供中上階層演出的場所。除此之外，社團的會慶、街坊會的聚餐，各種聯歡晚會，都提供了粵曲演唱的機會。很多業餘的演唱者，都有機會一展歌喉。

下篇

早期粵曲歌伶名曲玩家

早期粵曲歌伶

蓮好首創平喉唱小生腔

香港歷代粵曲歌伶，很少有人作詳細的介紹，主要是搜集資料並不容易，對於最早期的歌伶，更加缺乏記載，筆者打算在能力所及的範圍內，盡所知的以作介紹。

在清末民初粵曲歌壇的歌者中，大部分爲兩種人，一種是妓院的歌姬，一種是失明女藝人中的“師娘”。在1906年唱到1915年的著名的歌姬，有兩人，一名蓮好，一名六妹。

蓮好本來是水坑口時代的歌姬，相傳當時香港政府要關閉水坑口的妓院，妓院如要繼續營業，必須遷到石塘咀去，這時，蓮好的年齡，已經超過二十一歲。在清末民初這段期間，二十一歲的妓女，已經算是年紀老的一輩。一般妓女，都是十七八歲的，那時妓女如果到了二十歲還不從良，就會覺得紅顏已老，身價也下跌，如果唱曲方面沒有成就，就會降低身份，要靠出賣肉體維持收入。蓮好因爲已屬於超齡妓女，因此她不到石塘咀去，而專以唱歌爲生。主要原因是如唱粵曲唱得出色，生活便可無憂。當時的太白遊樂場和其他歌壇，每晚最少有兩個台脚演唱，每次演唱有二元至三元的收入，再加上深夜各妓院的賓客，亦會請她唱一曲，她的生活，便可以專靠唱歌維持。

蓮好唱的粵曲，是用平喉唱小生，這是能吸引人注意的原因。當時粵劇的小生唱腔，也像京戲的小生腔那樣，是用假聲唱法的，將聲綫提高，唱得十分刺耳，由於歌姬是女人，小生唱腔因提高而近於花旦的唱腔。女人而用小生原本的腔口唱法，就有點不倫不類，聽歌人會有男女不分的感覺。蓮好用平喉唱小生，於是她的唱腔便接近男聲，雖然是女人，也唱出了男人的韻味。蓮好就是靠她的獨特唱法而受歡迎的。因此她不追隨原日的妓院遷到石塘咀去，而以獨立的唱家的身份，獨立於妓院之外。

當時的妓院制度，妓院是要領取牌照的，妓女也要領牌，負責發牌部門常常到妓院去作突擊檢查，如果發現沒有領牌的女子在妓院中，則重罰妓院並控告妓女。是以當時蓮好，也領有歌姬的牌照。

蓮好有一張唱片，唱的是《吳王憶眞》。此曲不僅是用平喉唱，而且其中有若干段，是用粵語唱出的，這也是後來粵劇改用粵語演出的依據。由於以前用舞台官話唱戲，故小生用假聲唱時容易咬字，蓮好改用平喉唱後，有些曲詞（舞台官話）不容易用平喉唱，因此便將曲詞部分改作粵語唱出。例如該曲頭一段“中板”的曲詞，就是用粵語唱出，而不用官話唱出的。

《吳王憶眞》是寫吳王看見越王送來西施的寫眞畫像之後，看見畫裏眞眞十分美麗，因而想念她，希望她快些送進王宮來，故名《吳王憶眞》。該曲的“中板”的曲詞如下:

按行程，將近一個月未見佳人，使我凝神。抬起頭，只見金烏西墜，又係黃昏將近。美嬌姿，緣何故尚未到吳國江濱。莫不是，在中途有偶一不慎。莫不是，誤行程都係爲此原因，只令孤，心情撩亂情意難忍。若得到，佳人賜傾我就甘戀釵裙。想孤王，自見丹青就心心相印，我未見佢面，曾見佢個相已令孤先種下情根。……

這一段中板，如要唱舞台官話，就得要改動其中若干字句才能唱出，蓮好用粵語並用平喉唱此曲，唱得韻味無窮。相信蓮好還有其他名曲，但筆者手上只有這一曲而已。

蓮好的唱腔對粵劇是有影響的，只是粵劇界爲了維持專業的尊嚴，向來不承認歌伶的唱腔對粵劇的影響。

由於早期歌伶出自歌姬，而高級妓院則是高等應酬的場所，粵劇界的紅伶，亦常到妓院流連。他們聽到歌姬用平喉唱小生，覺得特別有韻味，而且又受歡迎，於是其中勇於改革的紅伶，亦改用平喉唱小生腔。結果受到觀衆的熱烈喝采，於是粵劇小生從此放棄高腔，而改用平喉唱出。而蓮好就是影響粵劇小生用平喉唱戲之一人。可能還有其他的歌姬也仿效蓮好用平喉，只因沒有什麼根據，更不知其他歌姬的名字，故無法加以說明。

相反，省港粵劇界和研究粵劇史的學者，差不多都公認粵劇小生唱腔改用平喉演唱的是朱次伯。

關於朱次伯的歷史，有一篇剪報，題爲《朱次伯平喉享盛名》，作者是“梨園舊侶”。因是遠年剪報，既不知剪自何報，亦不知“梨園舊侶”是何許人。但從作者的行文和文章的其他各節，筆者相信作者是黃花節先生。

照"梨園舊侶"指出，朱次伯出身世家子，在香港讀書，既懂漢文又會英文。十歲的時候，加入鼓吹革命的粵劇團"移風社"學戲。當時"移風社"教戲的有兩人，一名牡丹錦，一名師父福，凡入移風社學戲的都要練武藝子和練功，包括唱做唸打等工夫。朱次伯一邊讀書一邊學戲，由於專心和醉心於粵劇，武藝子根底不錯。後來移風社合併於優天影，他就在侯天影出當小武。辛亥革命後家道中落，朱次伯就靠演戲維持生活。由於習染了紈袴子弟的習性，朱次伯有錢時便常到妓院去飲花酒，到了演出時便無精打彩。戲行稱此種演員爲"交行貨"，即演出不投入，交差就算。當時本港有大班主何萼樓，字浩全，是著名組織省港大名班的班主，當時他的戲班名"寰球樂"。有一次他從落鄉班中看過朱次伯演小武戲，連施幾次"單脚擊身"，爲當時省港名班中任何一位小武未曾演過的，因此便拉攏朱次伯加入"寰球樂"。

何萼樓對朱次伯說，戲行人人知道朱每次演出交行貨，完全無戲味，希望這次和新周瑜林不分正副，落力演出，以免失禮於人又誤了自己的前途。朱次伯點頭答應。不料何萼樓對小武新周瑜林說時，新周瑜林大爲不滿，不肯與朱次伯不分正副，硬要朱次伯當二等小武。朱次伯被新周瑜林奚落一番後，一激之下發憤圖强，無論劇本有多少戲，都演得加倍落力。

據《朱次伯平喉享盛名》一文透露，有一次"寰球樂"小生鄭錦濤因病不能演《寶玉哭靈》，班主便叫朱次伯代替。朱次伯認爲如照當時小生的唱腔演出，容易和小武唱腔混淆，變成文武不分，他遂要求樂師拍檔，將音樂全盤綫降低八度，行內稱之爲“八厘綫”。樂師說“八厘綫”怎能唱小生戲，朱次伯叫他們試試拍和一段中板，他就用平喉唱這一段小生戲，唱起來不僅比提高八度的小生腔有韻味，而且樂師們認爲這樣唱法才適合多情寶玉的身份。

於是當晚朱次伯以平喉唱小生，演出《寶玉哭靈》。演出轟動全院觀衆，獲熱烈鼓掌及喝采。班主何萼樓認爲觀衆“受落”，於是就叫朱次伯演小生，以後即用平喉演唱。

當時薛覺先在寰球樂當“拉扯”。“拉扯”是戲班中不排名的演員，在戲班的班牌上沒有名字的配角。朱次伯認爲他底子好，扮相亦佳，每次演小生戲，都叫薛覺先扮他的書僮，給機會他唱曲。因朱次伯用平喉唱戲，薛覺先也用平喉唱戲，每次出台唱幾句都很動聽。後來薛覺先由“拉扯”升爲三幫小武時，班牌上在“薛覺先”三字之下，用括號注明，即扮朱次伯書僮者。

朱次伯首次用平喉唱《寶玉哭靈》，就是用歌姬唱《寶玉哭靈》的唱法唱出，但方法還是有分別的。須知歌姬唱粵曲是在室內唱，聽衆不過數人或最多數十人；戲院的面積大，觀衆數百人，因此歌姬唱平喉不必運用丹田氣唱出，而舞台上演出的演員卻要用高腔唱戲才能將歌聲致遠，令到戲院最後一行座位的觀衆都聽到。

朱次伯唱平喉，仍運用小武“左撇”的運氣法唱出，是以聽起來與歌姬的唱法不同。用聲樂理論的解釋，就是他的平喉有胸、腹、鼻等共鳴。因此他不承認用平喉唱小生是取自歌姬，而說是自己創出來的。

六妹巧借梨園命案聲名大噪

六妹是石塘咀的歌姬，是繼蓮好以平喉唱小生而成名的。而她成名的原因與二十年代兩宗粵劇名演員李少帆及朱次伯被槍殺案有關。

話說朱次伯用平喉唱《寶玉哭靈》的時候，是1921年，但幾年之後，他卻在廣州樂善戲院附近被人開槍擊斃，成爲粵劇著名演員被擊斃的第二人。第一位被擊斃的著名演員是李少帆，李少帆是在香港被擊斃的。

粵劇的平喉始創人朱次伯在廣州樂善戲院附近被槍殺，無法破案，因此便引起猜測，說朱次伯勾引一位富家太太，爲其丈夫發覺，於是買兇把他殺死。照《朱次伯平喉享盛名》一文所載，指出朱次伯爲人很正派，他的太太名叫牡丹，是一位美人兒，而且是紥脚的，夫妻極爲恩愛，傳說中的富家太太是黎太，年紀已很大，視朱次伯如契仔。如果說殺朱次伯和黎太有關，唯一可能買兇手的，是黎太的兩個兒子。因兩兒非黎太的親生子，而黎太又掌握黎家的財權，他們就利用黎太對朱次伯的崇拜，造謠影響她的地位，又買兇殺死朱次伯，以打擊黎太，奪回控制財產之權云云。

在朱次伯被殺的前一年，粵劇伶人李少帆也在香港和平戲院被人槍殺。和平戲院是一間以短期租約批出而建成的戲院，戲院的院址在今日的中環街市對面，即舊中區消防局，今恆生銀行總行大厦的地皮上。德輔道中至干諾道中的地段，是第一期中區塡海計劃塡海所得。塡成之初，政府保留若干地皮作公共用途，但在未使用之前，政府以短期租約批出，以免地段荒廢，和平戲院就是這樣建成的。

李少帆是“祝華全”班的丑生，他在和平戲院舞台上正在演出的時候，突然被台下觀衆開槍多響擊斃。當時觀衆驚惶失措，秩序大亂，兇手亦乘混亂逃去。後來警方在前排貴妃床位上，發現一件夏布長衫包着一枝手槍，證明兇手是坐這貴妃床位的觀衆，夏布長衫顯然是兇手所穿的。其次長衫又闊又大，證明兇手是一位高約六呎、又肥大的大漢。

從前戲院座位與今不同，大堂前座對正舞台的一列十多行座位，是放置貴妃床的。貴妃床長約六呎，一張貴妃床可坐五人至六人，是戲院最貴的座位。這種貴妃床位多由有體面的人訂座，特別是近舞台的對號位訂座者都是非富則貴。訂一張貴妃床不一定五六人同去，有時一人訂一張貴妃床看戲，有些少奶奶帶同婢女媽姐來看戲，也坐一張貴妃床。警方因此可以追查定座貴妃床的人，作爲破案綫索。

後來警方根據票房記錄，查出訂貴妃床的人是某富翁。及到某富翁家中去時，才知道該富翁舉家去了上海已十天，根本並無訂座，而遺下的長衫則完全不合富翁及其所有家人穿着。李少帆被殺一案，遂不了了之。但是，市面卻把李少帆之被殺，說成是桃色謀殺案，說是某富翁的妾侍和李少帆有曖昧行爲，故某富翁買兇行刺。

朱次伯被殺與李少帆被殺，本和歌伶無關的，筆者特地加以描述，並非閒筆，而是關乎當時歌伶六妹唱的一首名曲，與朱次伯、李少帆被殺有關。此曲不知何人所作，相傳六妹以重金請一文人撰寫，此曲名叫《警淫針》。

當時因朱次伯是平喉粵劇泰斗，在香港擁有大量觀衆，他在樂善戲院被殺的新聞，在香港報紙上連日刊登，加上各小報把流言當作事實來描寫，六妹認爲利用這個大新聞來撰曲，由她主唱一定受歡迎，果然她一唱而使此曲大爲流行。後來唱片公司立即找她灌錄唱片，曲詞才得以流傳至今。

《警淫針》的曲詞，開頭用首板高唱曰："聞伶人朱次伯，被轟身殞"，故唱第一句，聽衆便知道這曲是唱朱次伯的事了。

全首《警淫針》除開始用"首板"之外，其餘多用"中板"，只有其中一段，用"梆子慢板"。這一段"梆子慢板"的曲詞，就是說朱次伯是被富翁買兇殺死的，曲詞如下:

> 想伶人，朱次伯，名班、正印。他醜語，嘖嘖人言，夙有所聞。吾料他年紀輕，情波滾滾，難免得與艮閨，多種情根。那富商，和殷戶，家規不正，窺破了妻和妾，當時，私奔。當此時，好比火焚頂，忍無可忍，不惜千金買熟除卻，轟斃伶身。

這支曲把朱次伯描寫成一位專門勾引富商殷戶的姨太太或千金的淫伶，於是其中有一位忍無可忍，便買兇殺死他。曲中的"買熟"，是當時市井流行語，相當於"買兇手"。現時本港黑社會的用語，則只用一個"買"字，

警淫針

女角　六妹女士唱

〔首板〕聞伶人、朱次伯、被轟身殞○○〔中板〕你爲色亡身○○長作獵艷、孤魂○○〔邦子慢板〕想伶人、朱次伯、名班、正印○○他醜語、嘖嘖人言、夙有所聞○○吾料他、年紀輕、情波、滾滾○○難免得、與良閨、多種、情根○○那富商、和殷戶、家規、不正○○鏡破了、妻和妾、常時、私奔○○當此時、好比火焚項、忍無、可忍○○不惜千金、買熟除却轟斃、伶身○○〔中板〕才、訪得、那朱伶、又糊混、得狠○○在舞臺、秋波如利刃、媚着了紅粉佳人○○稍動情、他把無線電、頻向鼻珠勾引○○最難言婦女見着他、點解份外留神○○演唱時、一無所取、不値識者一哂○○公道在人心、怎能瞞得座上、諸君○○只見他、哏角淫淫、闖住良家、閨閫○○佢色胆大如天、好比目下、無人○○明目張胆、恃靚行兇、令人心頭、火滾○○孽由自取、所以災必逮其身○○論起來、不過是貪圖脂粉、起釁○○須知到、殺一來警百、免令攪得亂紛紛○○常言道、傍觀者淸萬事須當、審愼○○那神女、若無心、焉有月殿來奔○○有名職嘅人、須要家鷄自細○○最怕是、捕風捉影、致令枉殺于人○○吾思想、優界中人，邊个胸中，有學問。柳下惠，坐懷不亂，至今能有幾人。朱侖你，你未有幹得來，難免黃泉飲恨。若非寃枉你，本分身着身當何必埋怨于人。李少帆，殷鑒不遠何不以此，爲訓。試問你，陰司條路有何面目對于同羣。（中板）曾記你，夜吊白芙蓉，你尚哀情，隱忍。到今日，憑誰爲你祭孤魂。你兩人，同病相憐又是心心，相印。黃泉下，同相見難忍珠淚紛紛。有情人，同一夢好與芙蓉合近。但不知，倩誰與你作冰人。你與他生有緣時死當有份。自由婚姻兩情相合，好在不費，分文。凡事宜算到盡頭，須要反躬，自問。咪話淫人妻子笑呵呵，方計着你妻于淫人。人生天地間，非禮勿動，總要顧全，名份。朱侖你，在陰靈須要猛省，其身。你生前，數不盡愛情人，今日何曾，將淚收，你因佢來喪命，何曾爲你淚沾巾。你死後幾見洛陽親友，如相問。（收板）可嘆你。多行不義，自斃其身。（完）

《警淫針》曲詞

便是由“買熟”演變而來的。

六妹唱《警淫針》，並將李少帆被殺一案，牽連在一起。該曲的“中板”有一段是這樣的：

> 吾思想，優界中人，邊個胸中有學問，柳下惠坐懷不亂，至今能有幾人？朱伶你，你未有幹得來，難免黃泉飲恨，若非寃枉你，本份身着身當，何必埋怨於人。李少帆殷鑑不遠，何不以此爲訓。試問你，陰司條路，有何面目對同羣。

這段曲詞，不僅極盡詆譭朱次伯和李少帆，而且對全體粵劇伶人也有所不敬。這反映當時一些文人對於粵劇演員的了解並不深，同時也反映社會在經過長期封建思想閉塞，新思潮於五四運動後剛剛開放，對婦女愛看粵劇，和對某伶人的藝術特別欣賞，都視爲不正常行爲，並歸咎於粵劇演員的勾引，故寫成此種曲詞。

又如曲中對朱次伯在舞台上演戲，描寫成故意勾引良家婦女。且看其中一段“中板”的曲詞：

> 才訪得，那朱伶，又糊混得很，在舞台，秋波如利刃，媚着了紅粉佳人。稍動情，他把無綫電，頻頻向鼻珠，勾引。最難言，婦女見着他，點解份外留神。

這是一般人對於舞台上演戲的伶人的誤解，亦可見撰曲人也和他們一般見解，把演員在舞台上演活了多情小生的角色，作爲向台下女觀衆挑引。其實，演員在舞台上，是看不見台下觀衆的，因爲舞台上燈光過於明亮，而台下的燈光則較幽暗。試問在極猛烈的光綫下，如何看得見觀衆，更加不能說“秋波如利刃”去向鼻珠勾引，亦無所謂“無綫電”了。

舞台劇的演員，有所謂“鬬目”，“鬬目”是一種演藝，這種演藝是有經驗的成名演員才能練成的。“關目”在演戲時，好像對台下所有的觀衆都注意到，其實，他是看不到觀衆的，只是觀衆覺得他在台上注視到自己。這種“關目”，是舞台演員必修的項目，時下流行曲的歌星，在演唱會時，他好像向四面八方的觀衆都注視到，而觀衆以爲他已看到自己，特別是近舞台前面的觀衆，更加認爲他向自己打招呼，其實他完全見不到任何觀衆。

飛影慘被母親作搖錢樹

飛影是早期粵曲歌壇中唱大喉的名歌姬。她的母親本來是準備訓練她到石塘咀去當妓女的，故在十二三歲時即請師傅教她唱粵曲。

據王心帆所著的《星韻心曲》記述當年歌姬在學唱粵曲時，教曲的師傅必先教唱“大喉”，以便練好基礎。原因是當時並無揚聲器，不似現時拿着“米高峯”唱歌，故先要練好基本功，令到聲音能夠致遠。這麼說來，豈不是每一位歌姬都唱“大喉”？原來“大喉”只是練聲的基本方法。在粵劇中也是一樣，無論學徒學的是生、旦、淨、末、丑，都是練“大喉”，不過戲班不稱爲“大喉”，而稱爲“鬧棚”，等於現代學聲樂者練習高低音階的運用。教歌姬唱粵曲的師傅，多出身自八音班，故也沿用粵劇教唱工的方法去教。飛影的聲綫近於男人，且中氣十足，更因她歡喜唱大喉，於是便定型爲唱小武腔的歌姬。

當時在香港教琵琶仔唱粵曲的師傅，以徐桂福最著名。徐桂福人稱師傅福，他就是在清末時在移風社教戲的師傅福，後來移風社併入優天影劇團，師傅福即專教妓女唱曲。由於早期歌壇的歌伶全是妓院的歌姬，這些歌姬都是師傅福的弟子，故師傅福無形中成爲早期歌壇的重要人物。師傅福除了有一羣樂師跟他學玩各種樂器外，他又和當時的八音班的樂師相熟，是以茶樓設歌壇，必須找師傅福幫忙。一則由他組織樂隊，二則請他安排歌姬唱歌，故在研究歌壇早期歷史時，不能忽略徐桂福其人。

飛影跟徐桂福學唱大喉，後來徐桂福對飛影的母親說，如果叫飛影到妓院去當琵琶仔，實在辜負了她那副唱大喉的"本錢"，不若走歌壇路綫。現時歌壇上還沒有人唱大喉的，相信她一開聲，定必轟動起來，飛影如是者學了三年、終於由徐桂福介紹到歌壇來演唱。她第一首大喉歌曲，是三國戲中的《三氣周瑜》。

飛影一曲《三戲周瑜》就奠下了她的歌伶的地位，從此即以三國戲中的戲曲演唱，如《華容道》、《夜戰馬超》等。

1923年飛影到廣州歌壇去演唱，唱了三個月，適逢當時廣州各界舉行慰勞革命軍人遊藝大會，在東園內舉行，邀請在廣州歌壇唱歌的女伶演唱歌曲勞軍。當時並無咪高峯等無綫電揚聲設備，其他的歌伶登台唱歌，歌聲只有前面七八行座位的聽衆聽到，後面大部分的軍人都聽不到。及飛影登台唱大喉，聲震全場，所有軍人都聽到。唱完一曲之後，掌聲如雷，要她再唱一曲。

飛影在廣州軍人遊藝會上，先唱《三氣周瑜》，再唱一曲《華容道》，博得掌聲雷動。當時有一師長在台上致答詞時，向參加勞軍各界致謝之外，特別褒獎飛影的歌聲，說全體軍人，認爲飛影是當今樂府中的領袖，以她的歌喉和唱工，是無人能及，居領袖地位。

演出次日廣州各報，便稱飛影爲當今樂府領袖，甚至誇張地稱她爲“西南樂府領袖”，香港的小報轉載這段新聞時，則稱飛影爲“大喉領袖”，或稱爲“歌伶領袖”。總之，飛影是最紅的歌伶。1926年在香港出版的《歌聲艷影》第一期，有一篇文章，對飛影作如下的介紹:

> 飛影歌娘，無論那一個顧曲家，皆知其擅唱大喉者。並於廣州革命軍人慰勞會，獲有“西南樂府總領袖”之稱，雖此銜未免過獎，然以大喉一方面而論，佳者實寥寥無幾。故飛影於此，亦足自豪。曩於如意樓頭，聽其唱《三氣周瑜》一曲，大賣其力，甚能令聽衆興奮，的確是大喉歌者中的翹楚。據余伯人觀察，則飛影之大喉，尚小有疵點，因其喉音似濁，若稍能淸晰出之，則吾信飛影之大喉，至此方臻完美無缺。論及其色，飛影近來，已非當年韶秀，儼然一中年婦人，便試較諸郭湘文（新近來港者）一角，則又大勝，蓋湘文一角，人云其美，但相貌端莊，凜若冰霜之不可犯，雖美何取，故二人相較，則飛影卻勝一籌矣。

文中寫道飛影“儼然一中年婦人”，其實飛影自十六歲首次登台，到1926年不過二十九歲。何以稱“儼如中年婦人”呢，其實與她坎坷的遭遇是不可分的。飛影的母親一開始就有心把飛影視作搖錢樹，才會請專教妓女唱曲的師傅福教飛影唱歌，後來她雖然同意師傅福叫飛影向歌壇發展，但歌壇的收入，畢竟比妓女的收入低

飛影肖像

一些。因爲妓女在正常收入外還有外快。這些外快稱爲"白水"，而歌伶是沒有"白水"的，飛影的母親自然不滿足。故飛影的母親要飛影在歌壇上唱歌時，同時與前排座位的聽衆周旋，向他們送秋波，弄些迷人的手段。這種行爲，在江湖上稱爲"拜山"。

早期歌壇的歌伶是來自妓院的歌姬，這些歌姬習慣了和男人打情罵俏，到歌壇上唱歌的時候，在登台之前和唱歌之後，都會到客人面前應酬一番。通常在未登台前，先在離台很遠的地方坐下，等待登台，這時候便和後座的客人應酬。唱完歌之後，則和台前的客人交際一番。歌姬將這種行爲，美其名爲"拜山"。

有些朋友不明"拜山"是江湖術語，以爲歌姬應酬客人是當客人死嘅，故稱這爲"拜山"。

其實"拜山"是江湖朋友到一處地方，向地頭蟲拜見，表示恭敬和尊重地頭蟲之謂。這句話等於拜見山寨王的縮寫，並不是當客人死了，視客人爲鬼。

“拜山”對於有意追歌伶的紈袴子弟，公子王孫，有勾引的作用，他們有意想和飛影親近，自然先巴結飛影的母親，頻頻送禮。他若想娶飛影爲妻，便要和其母談條件，因此飛影的青春，就這樣被她的母親摧殘掉。她先後嫁過多位公子哥兒，故到了1926年雖然二十九歲，已像中年婦人了。

1928年8月25日在香港出版的一份《骨子》三日刊，載有一篇影射性的文章，題爲《大喉領袖之攤路與撇路》。文章裏用“大喉領袖”來影射飛影，用“攤路”來影射她的三番四次改嫁，用“撇路”來暗示她嫁了某人又把他撇開。這篇文章完全是用譏諷的筆法寫成的，作者署名是“嘴多多”，對飛影極盡嘲笑能事，這位小報作者完全忽略飛影的坎坷遭遇，是由她的母親一手造成的。

飛影先和一位姓何的闊少同居，其後又被遺棄，於是繼續唱歌，不久又和一位姓馮的人同居，兩三年後又被姓馮的遺棄。她眼看自己年紀已老，不能再唱大喉了，而自己卻一無所有，一切都被母親花光了。據說她的母親非常爛賭，搖錢樹搖來的錢，都給她輸光了。

1929年飛影的“歌壇領袖”的地位，被瓊仙所代替。由於瓊仙參加多次救濟水災的籌款活動，成績極佳，被選爲歌壇領袖，而將飛影壓倒。飛影的母親亦於這一年去世，飛影才獲得眞正的自由。她知道歌壇是後浪推前浪的，自己年紀已不小，不能永遠靠唱歌維持生活，後來便和一位姓朱的洋行高級職員結婚。她婚後，也久不久參加義唱，或到歌壇客串若干場。但那時她已經在飛影的名字之前，加上她自己的本姓，以熊飛影的名字出現。

因此在三十年代的歌壇宣傳品上，沒有飛影的名字，卻有熊飛影之名，熊飛影就是飛影。在藝名上加上自己的姓氏，以表示她已經不是歌姬，是正當的歌伶，和妓院的歌姬脫離關係。

在藝名上加上本人的姓氏，是表示歌壇的歌伶，已由歌姬時代，轉入正式的賣唱維生的歌伶時代。從此之後，歌壇上的歌伶，已由業餘的唱家轉爲職業的唱家，即正式擺脫妓院歌姬。有人認爲，飛影是在藝名上加上姓氏的第一人。

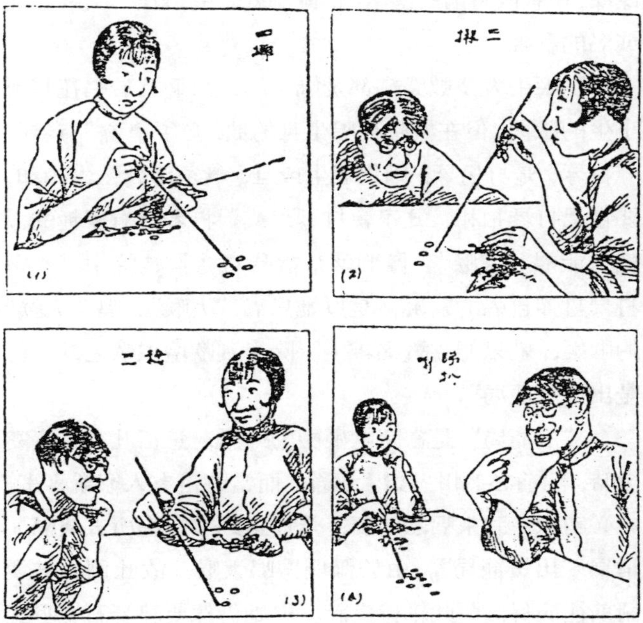

諷刺飛影的漫畫，刊於1928年出版的《骨子》三日刊。

其實始作俑者並不是熊飛影，而是月兒。月兒最初並沒有在藝名上加上姓氏的，後來她唱紅了，立即在藝名上加上本姓，名爲張月兒。

佩珊大喉亦悲亦壯

早期香港歌壇的歌伶，有一位佩珊，也是石塘咀的歌姬。佩珊唱的是“大喉”，所謂“大喉”，是用高腔唱的，屬於小武行當的腔口。“大喉”的特點是威武雄壯，但亦有悲歌。因爲演小武戲時，在戰勝的時候自然威風凜凜，在戰敗時則壯懷激烈。佩珊就是唱這種“大喉”而成名的歌姬。

歌姬中大多數聲綫都是嬌柔的，故適宜於唱花旦或小生的戲曲，但在妓院裏唱生旦的曲，必須學會“打琴”。“打琴”是打揚琴，因爲唱生或旦，無須鑼鼓弦索拍和，要自己打琴拍和，凡不會打琴，或對打琴沒有興趣的，就只能唱“大喉”。佩珊就是當時石塘咀妓院中，不會打琴自彈自唱的歌姬，是以她只唱“大喉”。唱“大喉”的歌姬，就只能靠賣唱維生，除了到歌壇唱歌之外，就是出“燈籠局”。

“燈籠局”是當時歌姬中的術語，意指凡有喜慶宴會時，門前必然掛一對大燈籠，而當時富有人家辦喜事，亦必請歌伶到來唱歌助慶，是以指到這種場所去演唱，稱爲“出燈籠局”。由於佩珊擅唱大喉，故此例必被邀請前往演唱，藉此維持生計。但她仍然要隸屬石塘咀宜香院爲歌姬，不能離開妓院成一獨立的歌伶。

原來在娼妓合法化時代，妓院固然要領牌，妓女亦要領牌，如妓院內的成年女子被查牌時查出沒有領取歌姬牌照，即視爲瞞稅論，處罰極嚴。佩珊既然常常到各妓院出局唱曲，自然要領牌照，並要附屬於其中一妓院內，作爲該院的歌妓。

同時，一般富人有喜慶事要請佩珊唱曲，如無一妓院附屬，便難以聯繫。附屬於一妓院，則只須叫人到妓院通知，就能約她依時去演唱。妓院多有電話，打個電話就可以約到她。故佩珊還留在宜香院。

富人在妓院請客特聘八音師拍和演唱，稱爲“響局”。每個妓院每月常有一兩次“響局”，每局工資爲五元，比到歌壇唱歌的工資爲高（歌壇唱一小時爲三元）。不過出“響局”或“燈籠局”雖然每小時五元，但宜香院則扣佣一成，故實收四元五角。

當時香港歡場除石塘咀妓院外，九龍油蔴地亦有妓院。歡場中人視石塘咀妓院爲大寨，即高級妓院，視油蔴地的妓院爲下級妓院。實則油蔴地亦有高級妓院，當時油蔴地的長樂院就是高級妓院。由於油蔴地妓院沒有唱大喉的歌姬，遇到有闊客開“響局”，要請佩珊來唱大喉，佩珊亦欣然答應。當時石塘咀的歌姬，永不肯到油蔴地妓院出“響局”的，認爲有失身份，但佩珊並不計較。因此當時有些人誤會佩珊是油蔴地的妓女，而不是石塘咀的妓女。

佩珊的大喉，有一半是仿效飛影的。飛影是歌姬中唱大喉的前輩，但從前不稱“大喉”而稱“撇喉”，這是由於小武常以“左撇”曲牌入曲，故稱“撇喉”。到佩珊在歌壇唱曲時，一般聽衆以其聲音夠大，而稱“大喉”。

本港二十年代出版、專以歌壇爲題材的刊物《歌聲艷影》中，有署名歸槎客所作之《歌娘之歌》，文中對佩珊的描寫如下：

> 佩珊是蔴埭之花，不是石塘之花。衡諸香港人心理，多重石塘，而忽蔴埭。彼之言曰：石塘，香港富商巨賈遊宴之地，花非佳秧，不易得貴人歡。蔴埭則範圍過狹，遊其中者，類多出等階級人。瓦盆只合栽劣秧，宜乎蔴花之不及石花也。然而此語，殊未可以例佩珊。佩珊雖妓而歌，然彼則力矯爲正，打破習慣。觀其登歌壇時，端端整整，凜凜冰冰。佩雖有眼，而眼光不與座客接觸，佩雖有口，而口音不向座客談吐。不知佩者以爲傲，知佩者以爲佩得體，而稱其歌娘之本分矣。佩之歌，以余聽之而最難恝然忘者，爲《營房憶病》一曲，佩伶唱到轉中板時，“總必是，馬革裹屍，原屬軍人用命。又豈可，貪生怕死，前去苦苦哀憐。我這裏，奮起雄心，再與敵人交戰，怎奈我，手中受傷，難以向前。”此數句，唱得乍憤乍悲，活現出一個失意軍人氣概。而佩伶之口白清晰，高低咸宜，猶其餘事也。誰謂蔴花不及石花哉！

文中之蔴埭，即油蔴地。作者不知佩珊既到石塘咀出“響局”，又到油蔴地出“響局”，便以爲她是油蔴地的妓女。但文中對佩珊唱歌時的情況，則寫得活靈活現。昔日聽過佩珊的歌或唱片的人，今再看這段評歌伶的文字，亦會勾起回憶。因爲文中所引的一段曲詞，正是佩珊最首本的悲壯唱腔。

佩珊以善唱落難將軍，或英雄被困的粵曲，與她的前輩飛影善唱撒喉中的威風凜凜有分別。佩珊入唱片的名曲亦多屬描述落難將軍的曲詞。她的後期改唱平喉，一改而爲多情小生的唱法。因爲到了1929年之後，唱小武大喉已經不爲時尚。

在佩珊後期唱平喉的唱片中，以《流沙河憑吊》一曲最流行，這首粵曲，也是在歌壇上唱紅了然後入唱片的。佩珊唱平喉也很有特色，由於她擅唱英雄落難的曲詞，將小武的大喉改唱平喉，就成了一種哀怨之歌，很有特點。

《流沙河憑吊》開首的一段曲詞是用“二流”唱出的，其曲詞如下:

> 天地間最傷情，就係知音人杳，望天涯懷天女，望斷天橋，連天雁一聲聲，在於天空悲叫，叫得那天愁地慘，好似故把人撩。這就是天不從人，至令我人天渺渺。

看了這一段曲詞，就知道佩珊用平喉唱來，與唱大喉判若兩人。曲中怨天怨地的詞句，如果用大喉唱出，

佩珊肖像

就完全不是味道。這張唱片今日雖然無法聽到，但從曲詞以及當年的一些刊物的記載，知道佩珊後期改唱平喉，再分析唱片的曲詞，當中的韻味便能印證出來。此曲最精彩的一段，是用“乙反二王慢板”唱出的。錄出供大家參考:

> 情渺渺，恨迢迢，心悄悄，遠望江頭一片寒光綾。斷我爲嬌憔悴，忍不住珠淚憑吊。做乜空見着，風瀟瀟，疏林江葉凋。人杳杳，沙流白浪飄，更重嶺雲殘雪，遮斷虹橋。

這首曲不知是何人所撰，相信是當年著名的文化人執筆的。從行文裏，可見作者是嚴格遵守粵曲的格律的。這種格律是嚴守上句和下句，並且一韻到底的，亦嚴守陰陽交替的用韻法，在粵曲作法中，此曲用的是“撩刁”韻。粵曲用韻是陰陽韻，故有“撩刁”、“勞蘇”、“蓮仙”等韻，都是一陰一陽的。

當年撰曲者是把粵曲當作文學作品來塡寫的，即用塡詞法來寫粵曲。因此曲中旣有宋詞的韻味，也有元曲的曲折，再配合粵謳的特點，而成爲一種地方性方言文學。

粵曲歌壇代表人物張月兒

張月兒的出身

張月兒是粵曲歌壇最具代表性的人物，故需用較長篇幅介紹。她特別之處是一人經歷了早、中、末歌壇的變遷。

張月兒的原名叫張幗雄，這是很少人知道的，而且，也很少人知道她第一次出道在歌壇唱歌，並非用月兒之名，而是用“月影”這個藝名。這些都是她在1950年時親自說出來的。她對她早期的經歷說得非常詳細。

張月兒是番禺人，她的父親是位秀才，在鄉間開了一間學塾，以教書維生，是以她六歲就會唸唐詩，也寫得一手好書法。但是不幸地，她十二歲時父親就病死，母親便帶她來港找一位親戚，準備在港找工作，什麼工都願意做。

剛巧這位親戚和專教歌姬唱歌的徐桂福相識，他看見張月兒知書識墨，人又聰明，便介紹她向師傅福學唱歌。師傅福教唱歌習慣是教大喉，發現她的音量相當雄厚，高低音域廣闊，可唱三個八度，說她是天才，便用心教她唱男女對答的粵曲。

從前粵曲中凡生旦合唱的曲詞，都是由兩個對唱的，一個唱平喉的唱生，一個唱子喉的唱旦，粵曲稱之爲“合唱”。這種“合唱”和西洋聲樂中的合唱團的合唱不同，粵曲是指生旦對答的唱法爲“合唱”。師傅福因她能唱子喉又能唱平喉，而且轉換靈活，便對她說，時下沒有一位歌伶能唱平喉和子喉的，即一人可以唱對答的戲曲，便叫她努力學習。學了幾個月，也能唱幾首“班本”中的段落。師傅福認爲她可以登台唱曲了，便介紹一位歌壇主持人到來，去聽聽月兒唱歌，這位歌壇主持人名叫馬宗。

從前初到歌壇唱歌，行規是先唱三個月免費歌，即頭三個月唱歌沒有酬金。同時，凡初登台的新歌姬，必先唱頭場，例如七時半開場，新歌伶一定唱第一首歌，因開場時顧客未到齊，旨在給新秀練練台風和練曲。但馬宗對月兒特別欣賞，答應破例給她酬金一元三角，並且不排在第一場演出。

張月兒第一次在武彝茶樓歌壇登台，本想用原名張幗雄，後來馬宗說，這個名字使人看來以爲是男子，不如改一藝名。張月兒便說，不如改做“月影”吧，於是就用“月影”之名登台。果然第一次登台即獲聽衆讚賞。

第一個晚上唱完歌，張月兒非常興奮，她媽媽亦特別高興，因爲這是女兒第一次領到薪金，又是第一次登台，獲得人人讚賞。大抵由於興奮過度，張月兒一個不留神，脚下踏着路邊的一塊香蕉皮，把她向前一滑，跌倒在地上，登時昏了過去。

月兒的母親大吃一驚，見女兒昏迷不醒，大叫救命，武彝茶樓的伙記馬上跑出來把月兒抱起，放在舖內的椅上，爲她塗藥油，把她救醒。月兒醒後大聲呻吟，於是請黃包車將她送去跌打醫生處，經診斷後，知爲右脚踭骨跌斷，爲她敷藥止痛，叫她不要移動受傷的脚，於是她就在家裏養傷，十幾日後才能扶拐杖落地步行。

月兒的母親擔心女兒變成跛妹，到文武廟去作福，又求簽並請解簽佬解簽。解簽佬說，她的脚是會痊癒的，不過，她的名字不好，月影的影字，左邊的三撇，正像三隻脚，如果仍用影字做名字，將來可能又會再跌一次。她的母親便問解簽先生，應該用什麼名字。解簽先生說，兒字甚好，兒字是兩隻脚的，而且兒字的一隻脚有起飛的模樣，是魁星踢斗的樣子，將來她會成爲女中的狀元哩。

母親看見女兒仍須扶拐杖學步，正像解簽先生所說“影”字三隻撇脚，於是要她改用月兒這個名字。同時向歌壇負責人馬宗詢問改名月兒好不好。馬宗說，她初次用月影的名字唱歌後就傷脚休息，人們對月影的名字還未認識，改用月兒也不成問題。不過要一直用下去，就不可再改名了。她的母親要求在月兒的名字上加上本姓，名張月兒。馬宗說，現時歌伶人人都用名字，沒有姓的哩。便問月兒爲什麼要在名字之上加一個姓氏。月兒說希望給人的印象，自己是和一般歌姬不同的，因爲歌姬全部都是從妓院出來的，自己不是，是以表示身份不同。馬宗同意她的意見，但是，在廣告和一般宣傳品上，爲了排列整齊，與其他兩個字的歌伶看齊，故此只用“月兒”二字。但在歌壇上宣佈時，可以由司儀稱她爲張月兒，以別於其他歌姬。月兒的母親亦同意這一點。因此，張月兒便成爲了第一位使用姓氏的歌伶。

張月兒在天一寨掛單始末

早期歌壇中的歌伶，都是出身於妓院的歌姬，月兒的母親不想女兒入妓院，但是爲了增加收入，以及使女兒的知名度提高，故又希望打進“燈籠局”去。

早期歌壇歌伶一晚最多只能唱三場，因爲歌壇的營業時間是由晚上七時半開始至十一時止。每一歌伶唱歌四十五分鐘，然後讓樂隊和茶客休息十五分鐘，故一晚有四個至五個歌伶演唱。頭場照例由新秀演唱，故實際歌伶是由八時半才開始唱歌，因此每名歌伶極其量是唱

以張月兒作封面人物的粵曲歌壇雜誌《歌聲艷影》

三個歌壇。

在歌壇演唱一場只得一元三角，到唱出名堂時也只能收二元一場，如果唱三場就是六元一天的酬勞。雖然當時物價低廉，六元一天的收入已是高收入，但爲了趕登場，必須乘人力車，而登場時又要經常穿新裝，開支也大。爲了增加收入，師傅福就教月兒的母親設法打入“燈籠局”去。

當時社交集中在石塘咀的幾間大酒家內，南北行商人和各江客商的商務應酬，也集中在石塘咀幾間酒家，亦有集中在附近的商人俱樂部內。這些社交宴會，照例是召石塘咀的妓女到來陪客飲酒，酒席大多在晚上十一時至午夜一時內舉行，在酒席上，妓女是坐在客人旁邊移後一點的位置。爲了增加熱鬧氣氛，宴會主人常會請些專唱歌的歌姬唱歌助興，歌姬在這種場合唱歌稱爲出燈籠局。酬金方面，比在歌壇高，每次四元。

此外，師傅福說，香港的大商家，甚少到歌場聽歌的，他們大多在酒家開廳宴飲，把妓院中的著名歌姬請來唱歌助興，因此很多在歌壇上唱歌的歌姬很快就紅起來。由於大商家的家庭都有留聲機器，歌姬知名度高，唱片公司就請她灌唱片，是以在“燈籠局”內唱紅了，收入固然增加，將來灌唱片又可把自己的歌喉留下來，

職業粵樂人尹自重爲張月兒後期的演唱伴奏

作爲自己的紀念品。因此月兒的母親，便答應和妓院的事頭婆接洽。師傅福便介紹了當時在石塘咀的天一寨的事頭婆和她接洽。

天一寨是石塘咀的大名寨之一，事頭婆叫三家。三家說，在妓寨掛牌出燈籠局和在妓寨做歌姬不同，在妓院當歌姬是要領歌姬牌的，月兒不是在妓院裏當歌姬，只是把妓院視作一個通訊處，貴客知道月兒在天一寨掛單，如想請月兒出燈籠局，便可到天一寨預約，就這樣簡單而已。

三家說："有很多瞽師和師娘，都在本院掛名的，我歡迎月兒來本院掛名。不過，規矩是出一次燈籠局，妓院要抽佣一成，例如一局四元，我就抽佣四毫。但你既然在我處掛名接燈籠局，就不能在別的妓院掛名，以免利益衝突，這是行規。"

月兒當時只是十五歲，她的母親既是她的監護人也是她的經理人。所以月兒說過，歌伶的母親是影響歌伶一生的重要人物，她幸而有一位好母親，否則她可能會在當時墜入烟花地了。

天一寨既接受月兒掛名，事頭婆三家便立即打電話到各大酒家去，說著名歌伶月兒答應由其妓院代她出燈籠局，特向飲客推薦。

月兒在天一寨妓院內掛牌唱歌，果然吸引很多富商的欣賞。由於她晚上八時半至十一時這段時間要到歌壇唱歌，在酒家開廳召妓陪酒的香港商人想聽月兒唱歌，只能在下午五時到七時請她到酒家的"飲廳"內唱。唱到八時就得往歌壇去，直唱到歌壇結束，才能趕午夜場。

但午夜場並不很旺，因爲到了午夜一時至二時，那些貴客已經到妓院去和妓女尋開心，或者到妓女的房間去"打水圍"，眞正欣賞唱歌的興趣已不高，故月兒的"燈籠局"以出早場爲多，午夜場則較少。

可是，自從張月兒在天一寨掛單後，竟有謠言傳出月兒結果爲金錢所誘，要落河當妓女了。當時很多小報更說月兒母親貪錢，不顧女兒前途。

月兒的母親終於承受不了，便對師傅福說不想月兒在天一寨掛牌了。師傅福說這好辦，當下便找來天一寨的事頭婆三家商量。

三家也是明理人，她遂提出一個折衷辦法，介紹月兒的母親在同泰生果舖掛牌。同泰生果舖是石塘咀所有酒家和妓院都光顧的生果舖，舖內又有電話，只要能聯繫各酒家和妓院，就不愁沒有燈籠局了。月兒的母親點頭稱善，並說了很多謝謝三家照顧的好話。

不過三家認爲，如果這時立即除牌而改往同泰生果舖，外間又會誤會三家和月兒有磨擦，因此最佳的辦法是，月兒暫時不在香港唱歌，說有要事離港，一方面表示月兒並非在天一寨當妓女，二來三家也可以說和她並無合約。

於是，月兒在師傅福的建議下到廣州歌壇唱一個月歌，然後才回港在同泰生果舖掛牌。同泰生果舖的位置，位於當時金陵酒家對面，店主在同泰生果舖門外貼出廣告，上寫"本店代理名歌伶張月兒特約獻歌"，於是張月兒除了在酒家的"飲廳"出燈籠局之外，亦有到富翁家裏出燈籠局。當時本港很多富翁的少奶奶和太夫人們，常請瞽師、師娘，歌伶回家唱歌的，這種“燈籠局”另有名稱，稱爲“私家局”。因此月兒在歌壇的酬金，亦因而提高。

張月兒有“鬼馬歌王”之稱

月兒早期唱的粵曲，都是屬於“班本”粵曲。“班本”是指戲班中的劇本，即將粵劇戲班中劇本內最精彩的一段裁出來主唱，故名“班本”粵曲。它相當於北方京戲中的“戲考”。

月兒因能唱平喉與子喉，故取材較廣泛，凡粵劇劇本中生旦對答的唱段，都可裁出來主唱，故唱的粵曲非常多，難以盡錄。

有代表性的“班本”粵曲，在當時極流行，又出過唱片的，是當時一齣粵劇《苦獄兩青蓮》中的唱段，這唱段稱爲《睇相》。

《苦獄兩青蓮》的劇情是很平凡的，大意是演一位落難書生李漢光，得助高中狀元的故事。其中《睇相》的內容是婢女杜鵑紅看見表少爺李漢光毫無上進心，終日長嗟短嘆，自怨自艾，於是借幫他睇相來激勵他的上進心。月兒唱這一段《睇相》，一人唱兩個角色，唱杜鵑紅時唱子喉，唱李漢光時唱平喉，唱得極爲生動，比舞台上的名演員更爲生色。《睇相》一曲，爲日後稱月兒爲“鬼馬歌王”打下基礎。

《睇相》一曲，開首一段“中板”，描寫婢女杜鵑紅經花園到書房去見李漢光，中有幾句是借景觸情的:“你睇園林花木暗摧殘，莫非是昨晚風雪降，因此令到佢咁凄涼。”

月兒唱這一段曲詞，唱得頗爲文雅，令聽衆覺得她唱莊重的曲詞時，顯得矜持而雅麗，但是她唱到見了李漢光時，則又莊中有諧。及到睇相的時候，則又諧趣萬分，這首歌能充分發揮月兒的天才，顯得她唱來亦莊亦諧，而且是莊諧並重。

婢女如何替表少爺睇相，這是編劇者和撰曲者的技巧。原來曲中首先是婢女杜鵑紅勸表少爺李漢光不要垂頭喪氣，她說他生得五官端正，定有出頭之日。李漢光說，難道她會睇相的麼，杜鵑紅便說眞的會睇相。於是杜鵑紅便借睇相來鼓勵他，說他鼻生得好，耳又生得成格局。例如曲中說:“表少爺，你下扒生得兜兜地，你衣食自然有帶嚟。好在你後枕唔係吊壁企，最骨子就係有幾分薄豆皮!”

在睇相的時候，一生一旦對答，咬得極之緊。月兒一人唱生旦兩種歌喉，由平喉轉子喉全無停頓，立即轉換得天衣無縫。由子喉轉平喉，也是一樣，這種唱法，粵曲稱爲“咬得緊”。是以月兒把這首《睇相》視爲她走鬼馬歌王道路的新嘗試。由於大受歡迎，奠定她日後走諧趣的歌路，把很多社會現象串成粵曲唱出，唱得極爲生動，故稱“鬼馬歌王”。

月兒發現唱這種生旦對答的諧趣歌曲受歡迎，於是決定走這一條歌路。但是粵劇的“班本”甚少這一類歌曲，因此她請師傅福介紹一些編劇家和撰曲人爲她寫曲，她願意付出撰曲費用，合用的歌曲，願付五十大元一首。

原來，當時碧架唱片公司請月兒灌唱片，代價是每曲一百元，她是用這一代價爲標準，分一半給撰曲人。在當時來說，這是算大手筆的。二十年代初的五十元的購買力，相當於今日的二萬元至三萬元。普通一個四口之家的家庭，每月有六元的收入即可維持開支，故五十元撰曲一首，極具吸引力。師傅福認識的開戲師爺也多，於是諧趣的粵曲便源源供應。月兒唱多了，便有“鬼馬歌王”之號。“鬼馬”是粵語，爲諧趣、生動、活潑、惹笑等概念的縮稱。

《苦獄兩青蓮》之《睇相》只是給月兒指示出發展諧趣歌的作品，並非成名之作，“鬼馬歌王”的成名作是一曲《頂趾鞋》。

《頂趾鞋》這首歌詞至今無法找到。1950年筆者問月兒有沒有這首歌的歌詞，她說在戰亂中已遺失了。但她仍可憶述此曲的內容。

《頂趾鞋》是描寫兩夫婦鬥氣的情形。此曲把兩夫婦的不協調，形容爲穿上一雙狹窄的鞋一樣，鞋頭將脚趾頂着，痛苦不堪，寸步難行。丈夫懷疑妻子作出牆紅杏，妻子懷疑丈夫拈花惹草，互相不信任，其中穿插很多笑料。丈夫說“不賢妻有如頂趾鞋”，妻子說“壞丈夫有如頂趾鞋”，點明了曲名《頂趾鞋》。自此曲開始，月兒在歌壇的酬金提高到每場十五元。

月兒自從以唱諧趣粵曲爲標榜，得了個“鬼馬歌王”的綽號，歌運一直亨通。1929年至1931年期間，本港開了很多唱片公司，如高亭、高萍、百榮、飛龍、新樂風等，都爭相請她錄唱片，她的唱片酬金，也由一百元升至二百元。在歌壇上，她也成了酬金最高的一位，每次唱四十五分鐘，代價是二十元。因此凡月兒登台演唱的歌壇，當晚茶價一律加五仙，以彌補她的酬金。五仙雖微，但每晚來聽月兒唱歌的茶客必超過二百人，則亦彌補了十元的收入。

這時候的月兒有這樣好的入息，她的母親替她先在廣州河南鳳安橋附近，買了一塊屋地，然後又分期購買青磚。到1934年，才正式興建一間有花園的大屋，作爲將來即使歌壇失意，也有一處可以安享晚年的地方。她的母親是信道的，故將這間花園大屋取名“淨園”。這是早期歌伶置業安居的第一人。

首位歌伶拍電影

月兒自置的新居淨園入伙時，只有二十八歲。當時正值有聲電影傳入香港的年代。據月兒的憶述，當時省港澳歌藝界到河南飲新屋入伙酒的人共有二百多人，在淨園內擺了二十圍酒席。其中電影界的陳皮，特地到來祝賀，同時，他還帶了伊秋水到來。在大家興高彩烈的時候，陳皮向月兒提出，叫她和伊秋水合作拍一部有聲電影，劇本大綱已經編定，劇名《老婆皇帝》，是一齣喜劇。從劇名已知道是由女主角擔戲的，月兒便簽了約。

這也是粵曲歌伶拍電影的第一人。原來當時月兒由於長期過夜生活，加上年紀已非十七八歲時的青春，在唱子喉的時候，已感很吃力，故認定在歌壇上再也不能一人唱生旦對答的戲曲。趁此機會拍電影，可能是脫離歌壇而另走拍戲路綫的方法。當日賀她新居入伙的，還有一位小燕飛，張月兒便對小燕飛說，自己唱子喉已大不如前，希望將來合作唱生旦對答。

由於《老婆皇帝》成績甚佳，月兒便一面和小燕飛在歌壇合唱，一面繼續拍戲。她在三十年代拍了《七星伴月》、《神秘之夜》、《七十二行》、《一代藝人》等片。

《一代藝人》是月兒三十年代劃時代的代表作，戲中有一首粵曲《一代藝人》，這首粵曲，是悼念一代藝人阮玲玉而作的。

阮玲玉是廣東中山縣四區左埗頭鄉人。她開始拍電影是由於她的丈夫張達民對電影藝術頗有興趣，並加入電影公司成爲股東，讓阮玲玉參加爲演員。但這間電影公司只是一片公司，雖然阮玲玉第一部片《芳草天涯》演得頗爲成功，公司卻無以爲繼。後來阮玲玉爲大公司所賞識，繼續拍了《野草閒花》、《紫蘭香徑》、《新女性》、《神女》、《故都春夢》、《人生》等片，而成爲電影皇后。

這時有一位唐季珊公子，中山縣唐家灣人士，是上海的富家子，也是電影公司的股東，與阮玲玉來往甚密。她的丈夫張達民因此控告阮玲玉和唐季珊通姦，阮玲玉兩次都不出庭答辯，到第三次開庭前夕，當時是1934年3月7日，她就服毒自殺，次日是三八婦女節，上海婦女界慶祝三八婦女節大會時，竟成爲哀悼阮玲玉的婦女大會。

阮玲玉生前曾多次到香港來，她每次來港都是住在何東爵士家中。她和何東的多位女兒都是好朋友，也在香港參加過多次籌款義唱大會，香港人對她並不陌生。阮玲玉的新片在香港放映時也很賣座，是以她自殺的消息傳到香港，香港的影迷也很惋惜，電影界和曲藝界掌握這種公衆對阮玲玉的情懷，拍了《一代藝人》，並撰了《一代藝人》主題曲，這首歌由月兒主唱，是一反“鬼馬歌王”的唱法唱出的，唱得哀怨悲惻。

《一代藝人》這首粤曲，最突出的地方，是巧妙地將阮玲玉拍過的電影的影片名稱，嵌在歌詞之內，而且是嵌得天衣無縫。這是作曲者文學修養最具功力的地方。

《一代藝人》開首是兩句詩。這是三十年代粤曲常用的起首式，稱爲“詩曰”。此曲開首的兩句“詩曰”就是“芳草天涯憐金粉，紫蘭香徑葬玉人”。

單單這兩句詩，已將阮玲玉成名之作《芳草天涯》嵌在詩中，《紫蘭香徑》也是阮玲玉主演過的影片。接着是一段“的的二王”，曲詞如下:

> 野草閒花，已非當年，風韻。桃花泣血，誰再深鎖，啼痕。新女性，玉堂春，故都春夢，今日都已夜台，伴恨。此後寒雲冷月，誰招神女，亡魂。笑人生，如水月，任教曠世聰明，總是曇花，易殞。天本妒英才，紅顏原薄命，任教你銀壇獨霸，(轉工反腔)唉，誰料絮果蘭因，情海中，翻波瀾，鷸蚌相持，致使你孤懷悲憤。

這一段一百五十多字的曲詞，差不多已把阮玲玉演過的影片名稱都寫了出來。例如《野草閒花》、《桃花泣血》、《新女性》、《玉堂春》、《故都春夢》、《寒雲冷月》、《神女》、《人生》、《絮果蘭因》等，這些都是阮玲玉生前最賣座的影片。當年的電影觀衆，沒有不曾看過上述這幾部電影的。是以這首粤曲，經月兒唱出來，立即引起共鳴。

此曲最後一段用梅花腔唱出，哀怨悲惻。錄出供參

考:

人言可畏便輕生，一代藝人竟被情絲困，可憐玉骨葬污塵！唉，上蒼弄人實太狠，癡心殉愛見情眞。三角形成千古恨，令儂難以取捨愛和憎！幾許影迷欲向瑤池問：問你近來消息笑或顰！

張月兒對粵曲的貢獻及影響

究竟月兒在粵曲方面有什麼貢獻和影響呢？從來沒有人研究這個問題。甚至月兒本人亦不知道，筆者願將個人的心得介紹一些，希望引起大家再深入研究。

粵劇的工尺譜上是沒有休止符的，不像西洋歌劇在一大段曲中有休止符，突然停止一拍或兩拍，唱的不唱，音樂也停頓，突然間靜止起來，全場靜得連蚊兒飛過也聽得到。停約一拍然後續唱下去，有增加氣氛和吸引聽衆的注意力的效果。這種唱戲時的停頓，到三十年代已經很流行，薛覺先、馬師曾以及各紅伶都懂得在唱到婉轉的地方，突然停頓一拍或半拍，然後再繼續唱下去，這種唱法，是由月兒開始的。她所以被稱爲“鬼馬”，除了諧趣方面之外，這種突然停下來再提腔唱下去的唱法，也是屬於“鬼馬”一類。故當時的樂師，常常注意到月兒唱曲時使用這種“鬼馬”的唱法。

粵劇中的武場戲，鑼鼓是有休止的。當一位扮將軍的演員在舞台上大耍武藝子的時候，打鑼和掌板的師傅，是要全神注意演員在打武藝子時的突然停止，因爲鑼鼓也要及時隨着演員的停止而停止，倘若演員停止時而鑼鼓多敲一聲，即破壞了整個舞台氣氛。但從前粵劇在唱戲的時候，沒有像演武場戲那樣，演員唱到一半而突然停一拍或半拍的。其後粵劇演員在唱曲時也像演武場戲時突然停止然後再唱下去，這種唱法，是師於月兒的。

月兒常常在唱一大段“二王”的時候，唱到其中半句，故意突然一頓，令聽曲者聽到緊張時，突然聽不到她的聲音，更聽不到音樂，自然馬上抬頭望向她，就在抬頭望向她的半拍子之間，她已經接唱下去。這種效果，非筆墨所能形容。這也是屬於“鬼馬”唱法之一，當時替月兒拍和的樂師，如果她突然停頓不唱而樂師則照曲奏出聲音，她照例向伴奏的樂師笑一笑，意思說:你似給我考起了。

此外，月兒又是問字求腔的唱法始創人。從前唱粵曲，無論是在歌壇唱的還是在舞台上演粵劇時唱的，都是依照原板路唱腔的。所謂依原板路唱腔就是上句的腔口高昂，下句的腔口低沉。原因是粵曲的組織，上句多用仄聲而響亮的字押韻，下句多用平聲而低沉的字押韻，因此上句的腔口高昂而向上揚，下句的腔口則低沉而向下拉腔。用音樂術語來說，就是上句拉腔的音階是用上行音階來拉腔的，下句則用下行的音階拉腔，這是從前唱粵曲拉腔的唱法。粵曲的拉腔有別於京戲的拉腔，因爲粵曲拉腔是依依呀呀地拉腔的，故又稱這種唱腔法爲“丫口”。月兒的“丫口”是因字而依依呀呀地拉腔，並不古板地上句拉上行音階的“丫口”，下句用下行音階的“丫口”，這也是她的“鬼馬”歌喉的特點。

舉例說明一下較易明白。例如下句“誰招神女之魂”，照原板式“丫口”，則唱到“之”字時拉腔，一定是下行音階拉腔的。但因“之”字是高音的字。月兒在唱到“之”字之時，拉腔拉向上行音階，樂師一不留神會以爲這是上句。玩二胡的，按弦的手指向下按高音部，若不留神，就不能及時向低音部拉回“魂”字的低音。這就是問字求腔的唱法。亦是“鬼馬”唱法一種。故當時拍和月兒唱出的樂師，都是造詣極高的樂師，他們拍和時，常常心裏說，看看你還有什麼“鬼馬歌喉”！

問字求腔的粵曲唱法，現時很普通，在二十年代是最創新的唱法。很多粵劇紅伶，包括薛覺先、馬師曾，都是效法月兒這種問字求腔的唱法的。或許有人會說筆者故意誇大月兒的影響力，也許會說，難道薛覺先會到歌壇去聽月兒唱曲麼？他們怎知月兒怎樣唱的？然而月兒當年在歌藝界的聲譽，事實比薛、馬爲高。他們常聽月兒的唱片，研究她大紅的原因，也不足爲奇。

月兒對粵曲和粵劇的影響，以問字求腔及突然停頓一拍或兩拍最爲突出，其他的影響則是整個粵曲歌壇都有的，尤其是音樂部分。從前戲班中的棚面音樂，是由八音師傅所擔任的，古老的稱謂，稱爲“八叉”。“八叉”者，即八音之謂也。而歌壇上的音樂師傅，則與戲班棚面的八音有別，他們由很多業餘音樂家組成，配合歌伶唱曲的諸多特點，並經常改動一些梆黃的調子和過序，因此歌壇上的樂師，自成體系，他們都稱音樂家，不稱“八音”。如果有人以爲歌壇的樂師即粵劇棚面的樂師，並稱之爲“八叉”，前者會直斥其非，甚至認爲此人故意貶低他們的地位。

粵劇方面，歌壇樂師演奏的手法和風格與“八叉”

也有不同，因此向歌壇吸收樂師到戲班中去，包括他們的小提琴樂手、木琴手、昔士風樂手等進入戲班，豐富了粵劇舞台的音樂。這是歌壇對粵劇最具影響力的部分。很多研究粵劇發展史的學人，卻忽略了這一點。他們只知薛覺先、馬師曾的戲班，始創用西洋樂器拍和唱戲，卻沒有注意到這些西洋樂器的樂手，是來自歌壇的。常被人提及的呂文成、尹自重爲粵劇拍和，卻甚少人提及他們原是歌壇中著名的音樂家。

三十年代末期，粵劇棚面的樂手，已有很大部分是來自歌壇的樂師，影響所及，連粵劇棚面的樂師都不歡喜被別人稱爲“八叉”，所有戲班中的演員，都稱他們爲師傅。曾試過有一位二幫小武，由於在內地演慣落鄉班，習慣稱棚面樂師爲“八叉佬”，一時不能改口，令到全體樂師抗議，聲明他出場不奏音樂，其後班主要他向各樂師道歉，並請“宵夜”才沒事。自此之後，粵劇棚面樂手，通稱音樂家或師傅，“八叉”之名正式取銷。此事和月兒有一點關係，因爲能拍和月兒的“鬼馬”歌喉的樂師，很多都被聘入粵劇戲班去。

張月兒的後半生

二次大戰時期，日本對中國的侵略讓很多中國人喪失生命和家園。月兒在河南鳳安橋的大屋，以及她的母親亦在戰爭中毀滅了。1938年以前所有的積蓄，都被戰爭的炮火燒光了。幸而香港還有立足之地，她那時旣唱歌又拍戲，得到三年多的安定，但1941年日本攻陷香港，她的積蓄又被戰爭的歲月消磨淨盡。

由於戰爭時期月兒逃不出廣州，不得不在廣州歌壇唱歌糊口。抗戰勝利後，她被國民黨一些人視爲“落水歌伶”，她於是不敢露面，直到1950年才來港重登歌壇。她的晚年就是靠五十年代的積蓄維持的。

月兒收過幾個徒弟，第一位徒弟叫蝶兒，二十年代後期已登台。由於蝶兒唱得八九成“鬼馬腔”，唱片公司就利用她來唱月兒的歌，因此令歌林唱片公司對月兒不滿，不允加薪給月兒。張月兒認爲歌林唱片公司的老板趙威林不近人情。原來趙威林當時和張月兒訂約，規定她不能跟別家唱片公司錄唱片，並訂明每年加酬金百分之十。但別的唱片公司因蝶兒唱腔跟月兒有八九成相像，故而叫蝶兒錄唱片。趙威林竟借故不加酬金。月兒寧可與老闆鬧翻，也不禁止蝶兒錄唱片。後來蝶兒結婚，息影歌壇。

後來的徒弟是雪兒、肖兒和萍兒。這三位徒弟都不及蝶兒聰明，未能掌握“鬼馬歌喉”的神髓，僅在歌壇曇花一現，後來也結婚了。

月兒最後收的徒弟是蘇鶯兒。她教蘇鶯兒唱粵曲，不是教唱鬼馬歌喉，而是教她唱子喉，以便由月兒帶她登台。月兒唱平喉，蘇鶯兒唱子喉，唱生旦對答的粵曲。當時她不但帶着蘇鶯兒登台演唱，而且還介紹唱片公司跟她一起灌唱片，張月兒和蘇鶯兒灌過的唱片約有七八張，其中最暢銷的是《貧賤夫妻百事哀》和《花街慈母淚》兩張唱片。可見月兒是頗用心提携後輩的。

月兒是一位經歷過早、中及末期歌壇的歌伶，一位極有代表性的人物，是以筆者用較多的篇幅介紹她。

1949年張月兒重返香港定居時，筆者曾經常和她見面，她也很健談，而她又是出道很早的歌伶。她談了很多早期有關歌壇的掌故，她的憶述，補充了很多文字上資料的不足。她有許多非常精警的語錄，其中一句話是:“埋葬歌伶的是兩個亞媽”。

“兩個亞媽”，第一個“媽”是歌伶的媽媽，即是母親。第二個“媽”是“嗎啡”，即是鴉片烟。她說，早期歌伶的母親，是把女兒當作搖錢樹來看待，因此有些歌伶在歌壇上唱了幾年，剛走紅的時候，媽媽因貪圖厚禮，便將女兒嫁作商人婦，甚至嫁給廣西的大地主作妾。因此這一類的亞媽，不知埋葬多少歌伶。第二是吸毒，很多歌伶由於要出燈籠局，故要吸鴉片來提神。加上早期省港兩地都是鴉片買賣合法化，鴉片烟是由專賣局向政府繳稅公開發售的，最是催殘歌伶，等到毒癮深時，顏容失色，歌喉也受影響，不能再唱歌維生了。

筆者訪問她的時候，雖然知道她結過婚，但她拒談婚姻狀況。這是一般女伶的常態。她不願多談，也不必尋根究底地追問下去，這是做研究和普通娛樂記者不同之處。娛樂記者以嘩衆取寵爲能事，以揭伶人的私事爲得意之作，這是不應提倡的。假若別人也用這種方法去揭娛樂記者之私，感受會怎樣? 月兒雖然已離開我們，也不應揭她的私。

當年她有一侄女兒，名叫寶兒，她說是她親生的，但寶兒卻姓張，跟她姓。張寶兒當時已十七八歲，亭亭玉立，卻不肯跟她學唱粤曲。看得出母女之間有嚴重的代溝。她曾對筆者說，希望下一代的歌伶在結婚之後，盡量退出這個圈子，將精神寄託於下一代，多些照顧他們，教育他們，不應戀棧於在藝術上的成就。

這話不僅僅是對筆者說的，她常常對曲藝界的女朋友也這麼說，因此後來很多著名的歌伶，結婚後即謝絕歌壇，全心爲家庭謀幸福。

早期歌壇名曲與名伶

《斷腸碑》與燕燕

香港早期歌伶，每人都有一首膾炙人口的名曲，因此這一章，將以歌伶與名曲一併談及。至於歌伶的歷史，缺乏資料的，將談得較少，以免閉門造車，影響後來研究者。

燕燕是早期香港歌伶之一。她的出身也是石塘咀歌姬，只因她的養母問妓院事頭婆借過錢，是屬於自由身的妓女。從前妓女分兩種，一種名“事頭婆身”，則其本人曾向妓院的鴇母（事頭婆）借過錢，或由事頭婆向窮家買來作育女，以後訓練爲妓女的。這些通稱“事頭婆身”。另一種是不曾向事頭婆借錢，只將養女附屬於妓院之內，故這一類妓女，事頭婆無權操縱她的婚姻大事，妓女亦有較多的選擇客人的自由，燕燕屬於“自由身”。

由於燕燕冰雪聰明，在學唱粵曲期間，頗得師傅的讚賞。凡懂得教粵曲的人，在教學生的時候，學生的聲綫好而又聰明伶俐，必定愈教愈用心，亦很自然地覺得如果將這位學生推進火坑是很可惜的事。倘若這位學生是事頭婆的養女，便無話可說，若果是屬於自由身的話，則會鼓勵她去做歌伶。

到底在妓院中教唱粵曲的師傅，是怎樣教十三四歲的雛妓學唱粵曲的？二十年代香港有四五位師傅，如果屬於事頭婆身的，則師傅在日間下午一時便到妓院教。若屬於自由身的，則由養母帶她到師傅家中教，隔日上課一次，每次上課不超過兩小時，以三個月爲期，學會“打琴唱嘢”，最少會唱三首粵曲。當時教曲師傅有一首必教的名曲，名《遊驪山宮》，此曲是粵劇班本中的一段，即唐明皇戲曲中的憶貴妃的一段唱段。此唱段短少，要用大喉唱，師傅最初不給曲文，他教一句，雛妓跟着唱一句。第一天，只教十八字的第一段，此段曲文爲先唱“西皮”；十八字如下：“是誰人比得上個貴妃。思想起，不由是皇刀割心窩。”

師傅聽雛妓唱這十八字西皮，就知道她是否對粵曲有興趣，因爲初次教時是教叮板的，能依叮板唱出，便知此雛妓有音樂感。有些雛妓學這十八字西皮，要教多次才識唱，燕燕則教一次即唱得有板有眼，師傅認爲可造之材，於是用心教下去。這曲除頭一段是西皮之外，即轉唱“二流”，一直唱到底。全曲只百餘字，抄錄於後：

> 三千宮嬪，難比她一個；隨皇出走，避不得干戈。可憐她玉貌如花，受盡這般結果；令皇長憂恨，珠淚滂沱。搔首問天，把天問過，雨晴星露，天氣溫和。呼內監，與孤王宮樓坐，猛抬頭又只見新月如梳。衆星共亮，明如燈火。彩雲飄走，不見嫦娥。風送彩雲在天邊過。忽然現出了這度銀河。不見牛郎只見織女一個。她爲牛郎憔悴，我爲妃子滂沱。觸景傷情，令皇心中不妥。不如回宮再作籌謀。

教第一首歌是考驗學生的記憶力，故特意不給曲詞的。等到她能完全憑記憶唱出這首短曲，然後才取出曲詞來。這曲詞是有工尺譜的，因她已熟這首曲，故易於了解工尺譜上的工尺合士上的音，以及譜上的叮板。師傅照例叫她回去抄這曲譜，下次將原譜交回，要她只唱譜而不唱詞，然後開始教打琴。

打的琴是揚琴，這種琴因形如蝴蝶，妓女一般叫它蝴蝶琴，是用兩支軟琴竹打在弦綫上發音的。師傅先在枱面上劃上白綫代表工尺合士上等弦綫，然後教她用雙手揸琴竹的方法，口中一面唸曲譜，雙手則在白綫代表的音綫上打下去，務要打得位置準確。這樣練習多次，再取出眞琴來打。因爲練熟了手法，故打在琴弦上的音便非常準。

燕燕雖然頗有音樂氣質和聰明，但她初在歌壇唱粵曲時並不怎樣有名氣，她不及月兒的很快便成名，是屬於中等歌伶一類而已。她的成名是在她去上海幾個月之後，回港時人變得成熟了，而且亦會打扮。她是在如意茶樓歌壇，唱一曲《斷腸碑》而成名的。

燕燕初時並無“舅少團”，即沒有專捧她的歌迷，但卻有一位混號名“季老師”的基本聽衆。季老師並非姓季，而是姓李，是位教館先生。只因他不論天冷還是天熱，都戴一頂帽子，故人們將李字加一頂帽上去，而稱他爲季老師。季老師是早期歌壇上無人不識的歌迷。

季老師於月兒初用月影的藝名唱歌時，即認爲月兒必然大紅特紅，他稱月兒爲契女，月兒也樂於叫他做契爺。燕燕初出道時，他也認爲燕燕定必成名，他也叫燕燕做契女。燕燕一直平平無奇，歌壇上的“舅少”取笑他說，老師這一次可要“跌眼鏡”了。燕燕唱了兩年多仍然受一兩三錢銀不到。季老師卻說，她尚年輕，唱腔還有點“鷄仔氣”，過一兩年，“鷄仔氣”沒有了，就自然大紅特紅。燕燕從上海回來之後，歌喉已沒有“鷄仔氣”，令聽衆耳目爲之一新，加上她唱《斷腸碑》一曲唱得扣人心弦，情詞懇切，贏得如雷掌聲。

在粵曲曲藝方面，凡十四五歲的小姑娘初唱粵曲的時候，由於聲綫還未能達到全身的共鳴，只靠喉部發聲，故而聲綫單薄，行家稱之爲“鷄仔聲”，或稱“鷄聲鷄氣”。通常要唱兩三年，才能在發聲時有鼻、頭、胸、腹的共鳴。但有些姑娘學很久仍未能達到這境界。燕燕初時唱曲，仍有“鷄仔聲”，故季老師對燕燕初期不能成爲紅歌伶的評語，是知音人的評語。當燕燕從上海回來時，“鷄仔聲”頓失，聲厚而圓潤，即歌唱時發聲已能達到全身共鳴，是以開始走運。

《斷腸碑》是燕燕的首本名曲，這曲的詞是寫一位多情的男子，對着情人的墓碑致祭，故稱墓碑爲“斷腸碑”。

查《斷腸碑》原是當時一齣粵劇，這劇的劇情是這樣的: 南唐李後主選美入宮，私自出訪民間美女，看見民女薛彩喬美艷，下旨選她入宮。原來薛彩喬已與書生舒文陵私訂終身，兩人於是一起出走，李後主遂命將軍柳遂追捕。薛彩喬與舒文陵逃到一處別墅求宿，別墅的小姐柳綉薇收留他們居住，問明情由，柳綉薇願意玉成其事，爲他們在家中主持婚禮，不料李後主與柳遂同來，原來這別墅是柳逵的。薛彩喬重見李後主來，馬上逃走，但舒文陵逃走不及被捕，柳綉薇爲救舒文陵，認舒文陵爲未婚夫，不是帶薛彩喬而來的，但柳綉薇眞正的愛人是許宜瑛，許宜瑛誤會柳綉薇移情别向，憤然離家。

李後主一方面下旨柳綉薇與舒文陵成婚，一面追緝薛彩喬。薛彩喬逃出後知柳舒成婚的消息，認爲舒文陵移情，憤然投江自盡，但爲李媽救起。李媽爲免李後主繼續追捕，揚言薛彩喬已死，並爲她立一墓及碑，作爲她已死去的證據。這邊廂柳綉薇雖與舒文陵成婚，但無洞房，李後主走後舒即出走，他聽說薛彩喬爲自己投江而死，故到墓碑前致祭，唱此《斷腸碑》主題曲。

燕燕所唱的《斷腸碑》的曲詞，原曲很長，在歌壇上唱，要四十五分鐘，其後因她把這首曲唱紅了，唱片公司爲她錄唱片，將曲詞删成只合兩張四首的唱片的度數，因删節得恰到好處，反比原唱曲精彩。現將唱片所刊的曲詞錄出一些片段，供研究粤曲者參考。該曲第一段云:

> （中板）秋風秋雨撩人恨，愁城苦困斷腸人。萬種凄涼重有誰人過問。虧我長年唯有兩眼淚痕。（慢板）憶佳人，透骨相思，忘餐廢寢。想從前，在荷池泛棹池心。避暑亭，同賞玩，相親相近，對嫦娥來歡叙，又復高吟。兩情投和意遂，細談心悃。他相愛我相憐，訂下婚姻。……

這是戲曲中舒文陵祭薛彩喬墓碑的唱段，亦是新江湖十八本排場戲中《哭墳》的唱段。改編自從前粤劇《李陵碑》古老排場的排場戲。後來馮志芬爲薛覺先編《胡不歸》時中的《哭墳》，正是繼承《斷腸碑》而來的。

燕燕肖像

當中的繼承與淵源頗堪研究，這正是筆者特地將《斷腸碑》曲詞錄出的原因。

這是早期排場戲在《哭墳》的原始版本。由"中板"起至轉"慢板"，都是叙述舒文陵與薛彩喬相親相愛的情形，在當時粤劇班本中已是屬於雅詞的唱段，有詩詞的味道。

下一段是叙述舒文陵與薛彩喬在柳家成婚，突然爲李後主所破壞，薛彩喬出走並投江自殺，這段曲詞用"反綫中板"唱出，曲詞如下:

龍鳳燭，正人燈花慘遭狂風一陣，苦不得慈悲甘露，救苦救難救返芳魂。俺小生一篇恨史，正係虛徒於問。問蒼天，何必又偏偏妒忌釵裙。天呀你既生人何必生恨，你又何必生人。莫非是天公有意將人來糊混。莫非是五百年前債結今生？從今後一概世情我不問，隱居禪地了此生，久處情場原非幸，恨恨原是一愁根。獨生凄涼心煩悶，夜來一哭意中人，說罷凄涼深山近，淚眼遠望玉人墳。……

燕燕將《斷腸碑》的主題曲唱紅了，於是編劇家又編一齣《新斷腸碑》，借《斷腸碑》的號召力來吸引觀衆。《新斷腸碑》的劇中人，仍照《斷腸碑》命名，男主角仍名舒文陵，女主角薛彩喬，其他角色如柳逐、柳綉薇、許宜瑛等照舊，但將李後主改爲惡霸李後，劇情與《斷腸碑》相似，只是結局不同。《斷腸碑》的薛彩喬是僞當死去而立墓碑的，故哭墳之後彩喬出現，有情人終成眷屬。《新斷腸碑》則是薛彩喬眞的死去並立斷腸碑的。

筆者認爲研究粵劇發展史不能不同時研究粵曲發展史，就是因爲粵劇和粵曲是互相影響的。有些粵劇的劇本是因爲粵曲唱到街知巷聞，因曲而編劇的。有粵曲因粵劇演出時哄動起來，撰曲人將劇情的一節寫爲粵曲給歌伶唱的，亦有截取其中一段唱段而爲粵曲的。《斷腸碑》因燕燕唱紅了，於是粵劇又編《新斷腸碑》，可以作爲粵曲影響粵劇的證據。

燕燕的《斷腸碑》一直流行到三十年代，後來燕燕結婚，離開了粵曲歌壇，這首《斷腸碑》仍由多位唱平喉的歌伶繼續唱，其中以徐柳仙唱得最好。徐柳仙也是因唱《斷腸碑》而爲歌迷所認識的，可見影響力之大。

《新斷腸碑》的主題曲名爲《爭祭玉人墳》，卻沒有歌伶用在歌壇上主唱。其原因是編劇者不了解歌壇上的歌伶只能一人唱兩種歌喉，即唱平喉和子喉，《爭祭玉人墳》是三個人向薛彩喬的墳墓爭着拜祭，這三人是舒文陵、柳綉薇和許宜瑛，一人能唱三種喉底的歌伶除張月兒外沒有第二人。但張月兒不願唱別人唱過的曲，其他歌伶欲唱而不能，是以這首《爭祭玉人墳》並不流行。《新斷腸碑》一劇也不甚賣座。由於《斷腸碑》到三十年代仍流行，馮志芬才在《胡不歸》中撰一曲《哭墳》，代替了《斷腸碑》的地位。

《三錯紅顏》與鳳影

早期歌伶中有一位鳳影，她的喉底很特別，與所有的歌伶完全不同，她的聲綫是"沙"的，但又沙得來很大聲，而且能與頭、胸、腹起共鳴。由於聲綫沙啞，共鳴時便有震蕩感，當時的曲評家稱她的聲綫爲"震沙"。陳錦棠的豆沙喉與她近似，但她的豆沙喉比陳錦棠更沙。

鳳影也是石塘咀歌姬，她並不是由琵琶仔做起的，因此她唱粵曲，亦不在香港學的。據說她原是廣州陳塘的歌姬，在廣州歌壇唱粵曲時並不是豆沙喉，後來嫁給一位商人作妾，去了上海，約三年之後才回來，不返廣州，卻在石塘咀宜香院"搭燈"——以唱歌和出酒局爲主要收入。認識她的人說她從上海回來聲綫才變沙。這種沙聲據說是在上海練歌時造成的。

鳳影對歌壇的影響有兩方面，第一方面是服裝，第二方面是“關目”。現在先談談服裝方面。她是第一位穿西式晚禮服在歌壇上唱歌的歌伶，西式晚禮服是露背和露肩的衫裙。二十年代的西式晚禮服左右肩上仍各有一條帶子連接胸前，因此上身的形狀很像當時男子所穿的運動背心。這種服裝不僅在歌壇上唱粵曲的聽衆以前未見過，就是專到歌壇採訪的娛樂記者也未見過，他們事後形容鳳影所穿的服裝，由於不知道這是西式晚裝，是以搜索枯腸也無法找到適當的形容詞形容。

恰巧當時廣州有多位革命元老，提倡婦女解放，呼籲婦女解放自己參加國民革命工作。娛樂記者們靈機一觸，把鳳影所穿的晚裝稱爲“革命背心衫裙”，這一來引起一些不識鳳影的人，都到鳳影唱歌的歌壇來看鳳影所穿的“革命背心衫裙”是怎樣的。及見到她的露肩、露背和露半胸的晚禮服，無不大嘆眼福不淺。這種晚裝女服，自然不及現時的性感，鳳影所穿的晚裝的暴露程度也不及今日的晚裝，但已造成震驚。

鳳影對歌壇的另一個貢獻便是“關目”。早期歌壇的女伶唱粵曲，並不是站着唱的，而是坐着唱的，跟現時的情形完全不同。早期以至中期，歌壇上的佈置是這樣的: 台上正中面對觀衆的是一幅牆，牆下設一張酸枝茶几，茶几的左右各放一張有靠背的酸枝椅。唱平喉的歌伶坐在左邊的椅子上唱，唱子喉的坐在右邊的椅子上唱。這是依古例男左女右的排座位法，因此聽衆只須看見歌伶坐在左邊還是在右邊，便知她是唱子喉還是唱平喉。如果是兩位歌伶對答合唱，也是照男左女右坐位，因唱平喉的作爲唱生的代表，即當她是男人。

茶几上照例有一對茶盅，是瓷器有座有蓋的焗盅。稍有名氣的歌伶都有私家茶盅。歌伶唱歌時通常是將雙腿交叉搭着的，避免台下的聽衆偸窺她的內褲。同時，歌伶都帶一把摺扇。原來這摺扇內有乾坤，歌伶把些難記的歌詞寫在扇面上，以便忘記時看看摺扇便記起歌詞。茶几對上的粉牆有一口釘，這釘用來掛粉牌之用，粉牌是一塊長方形的黑板，上寫白粉字，寫明唱歌者的名字和所唱的曲名。例如寫："鳳影：三錯紅顏"，聽衆便知正在唱歌的是鳳影，唱的是《三錯紅顏》一曲。即使是新來的聽衆，亦一目了然。

一般歌伶因教唱曲的師傅只教唱曲而沒有教儀態，由於儀態是由經驗得來，是以只學儀態一項已非三兩年不能達到儀態萬千的境界。鳳影在台上唱歌時，目光一時向左邊的聽衆望下去，襯以嫣然一笑，於是左邊座位上的聽衆，每一個人都以爲她望見自己，登時引起一種親切感。然後她的目光向右邊的聽衆望去，有時抬頭向遠處的聽衆望去，這就是"關目"。鳳影是最早將舞台上的"關目"帶進歌壇去的，後來頗多歌伶學她，這是她對歌壇影響的另一面。

鳳影的首本名曲是《三錯紅顏》，這段曲是將粤劇劇本《三誤佳期》撮要編撰而成的。《三誤佳期》的故事是說文武全材的駱公子奉父命送古伯年的母親返家，在古家的後花園梅園中遇見一位醜小姐，向他大獻殷勤。後來他回家，不久古伯年亦告老歸田，到駱家謝駱公子護送他母親回家，並說母親對駱公子極爲讚賞，他的女兒亦極仰慕駱公子，欲將女兒許配給他。駱公子以爲醜

鳳影肖像

小姐就是他女兒，諸多推辭。後來駱公子到古家作客，古家叫女兒紅綾出來相見，駱公子才知紅綾美艷如花。上次推辭婚事，錯誤了紅顏。

駱公子在古家作客幾天，與紅綾情投意合，私定終身。紅綾叫他回去立即遣媒求婚，他回去立即叫父親玉成好事。誰知去到古家求親，古伯年已將紅綾許配給周公子，說當初許配於他他又推辭，錯過了。紅綾叫婢女送信給駱公子，實言不嫁周公子，叫他爲國立功，若得皇上聖旨爲媒，即可拉回婚事。時番邦入侵，駱公子請兵出戰。

與此同時這一邊周家催婚，紅綾無法，只好私逃，落難中遇丞相收爲義女。駱公子平番邦回朝，丞相願將養女許他爲妻，他不肯，謂明日上殿請旨與紅綾成親，果然請得聖旨，並回去找古伯年，唯伯年說女兒下落不明。後來紅綾知道此事，便與丞相回鄉，說明眞相，大團圓結局。

《三錯紅顏》是將大團圓之前的劇情，濃縮成一枝粵曲，將誤認醜女爲紅綾爲一錯，求婚不得爲二錯，返家找紅綾找不到爲三錯。粵劇《三誤佳期》的第一次拒婚爲一誤，第二次求婚不得爲二誤，丞相許紅綾給他爲妻而拒絕爲三誤。《三錯紅顏》是筆者所藏資料中唯一將一齣戲的情節濃縮而成的粵曲。

《三錯紅顏》曲詞，開頭是一段"中板"，寫男主角因三次錯過了紅綾的婚姻而病染相思，有點"山伯臨終"的意味，是以由鳳影用沙啞的聲綫唱出來，更顯得病態。曲詞第一段云:

> （中板）今日裏，俺一病都係垂危一旦。皆因我當日錯認紅顏。枉我一個蓋世英雄，單思不慣，爲多情，致令我心鎖在情關。怕只怕藥石無靈，難免單思成疾患，問蒼天因何故，把我爲難。

中間一段轉"慢板"，完全是敘述三次誤佳期的經過，是將劇情濃縮成四百字的曲詞。到最後轉"中板"點題地唱:

> 唉，天呀，莫不是有意與我爲難。到如今，兩折藍橋，都係愁思無限。千差萬錯，都係錯認紅顏!

讀者可以從所引的兩段短短的曲詞中，發現撰曲者不斷重複押韻，其中兩用"顏"字和"難"字，故知這曲的文采並非很好，完全是靠鳳影沙啞之聲綫，唱出一位病染相思的多情公子的情緒。亦足見這曲，是由當時戲班中的"開戲師爺"所撰寫的。是以亦可了解，早期粵曲中的名曲，曲詞並非很典雅，完全是靠歌伶唱得特別有神韻和有感情，才將該曲唱紅。

早期的名曲全部用“梆黃”寫成，即離不開“中板”、“慢板”、“滾花”、“南音”、“二弦”、“板眼”等，是沒有小曲的。只要看看曲詞，便能分辨出某一粵曲曲詞約寫於那一年代。1929年之前的粵曲，是完全沒有小曲的。換句話說，廣東音樂中的小曲，到1929年還未出現，或者說撰曲人當時還未把廣東音樂中的小曲，插進粵曲之內。其實廣東小曲在清代已有，只是當時將這些小曲作爲牌子來應用，即在舞台上用這種小曲來襯托一些固定的排場戲。例如小曲中的《雁落平沙》，則在戰勝歸來的排場戲中奏出。是以開戲師爺不把這些小曲寫進粵曲曲詞之內。

《遊子驪歌》與燕紅

早期香港歌壇有一對姊妹花，姊姊名燕紅，妹妹名燕非。她們在1926至1929年在香港唱粵曲，後來卻消失於香港歌壇。聞說是去了越南堤岸。時越南也流行粵曲歌壇，很多歌伶是去了越南之後就消聲匿迹的，可能在那邊嫁作商人婦。只因缺乏資料，不知二人的姓氏，亦不知二人是否屬於石塘咀的歌妓，不便妄測，只根據當年的小報和歌壇特刊，知道兩人頗受歡迎，並留下一些名曲。故能作介紹。

燕紅是唱平喉的，燕非唱子喉。初期兩姊妹是一同登台唱對答曲，唱的都是“班本”。“班本”即是粵劇的劇本，因由戲班演出，故名“班本”。“班本”曲是將粵劇劇本中適宜於演唱的一段唱段截出來演唱，與由撰曲人特別撰寫的粵曲不同。聽慣粵曲的人，一聽就知道哪些曲是“班本”曲，哪些是特撰曲。

凡“班本”曲，都有很多梆子和表示動作的鑼鼓，聽慣粵曲的人一聽就知道，是無法隱瞞的。舉個例便可以說明。現時流行的《帝女花》的一段唱段，內有一句“不須侍女伴新房”，接着是“退下”。這就是“班本”曲的特點。由於演戲時有很多婢女出場，故要道白，叫婢女們退下。如果此曲是由撰曲人特地撰寫的，就不會多此一舉。撰曲人可以在婢女退下後開始寫下去，便不會有“退下”這一句。因此這一段《帝女花》就是“班本”曲而非特撰粵曲。

從前伴奏樂隊遇到上述情形，會齊聲扮女子聲說一句“知道了”！以表示婢女奉命退下。這是保留“八音班”的特點。然後用鑼鼓和牌子音樂，代表婢女完全退下。筆者說粵曲歌壇由八音班變化出來，就是由於發現早期歌壇唱的“班本”粵曲，伴奏樂隊的樂師，對曲中叫侍女或內監退下時，都齊聲配合和應而知道的。

燕紅與燕非一對姊妹花，合唱約一年左右，便分道揚鑣，各自唱各自的歌，不再合作唱生旦對答的“班本”粵曲了。她們的分開，並不是意見不合，而是因爲收入的緣故。早期歌壇，每一小時，以一元八角計，兩人合唱，則最多只能索取二元至二元四角的酬金，兩人平均，每人是一元多一點。如果分開來唱，則每人最低的酬金亦一元八角。這是一雙姊妹花分手各立門戶的主要原因，並非因意見不合而分手。

燕紅唱平喉，她的代表作是《遊子驪歌》。這支曲是屬於新詞粤曲，相傳是黄言情所作。黄言情是當時香港著名的愛情小說作家，也是《香江晚報》的創辦人。她替歌伶作曲，是興趣性質，不計較稿酬。《遊子驪歌》是寫一位風流遊子悲秋的情結。曲詞如下:

（首板）到陽關，最黯然，蕭蕭風雨！（中板）消愁惟有再傾卮，今宵酒醒身何處，微風吹動綠楊堤，杜鵑泣血榴花底，一溪流水逆斜暉。遙望着村居炊烟起，黄昏將近鳥來歸。滿佈錦霞天邊際，白雲深處樹烟迷。旅況寂聊我心中自翳。破愁城除非是再把酒壺提。

這段中板的曲詞，典雅而似唐詩宋詞。在這裏可以找到《胡不歸》的"聲聲泣血桃花底"的出處。筆者認爲這是早期名曲中詞句最雅麗的一首，且看曲中另一段:

（慢板）恨光陰如過客，對酒當歌。人生幾何須要行樂及時。曾記得王陵年少，白馬雕鞍夜遊金市，每遇着良辰美景，清風明月，我就不醉無歸。……捲珠簾，垂羅帳，惟恐夜深解語，花空去，燒銀燭，照紅粧令我心動神移。掛金鈴，懸彩幡，護花有使。不怕東風笑人，只可恨落紅成陣，今日化作春坭。

這一段是寫這位風流遊子，與青樓妓女邂逅的情形。最後一段是寫這位遊子不能不和這位多情妓女分手，分手後又依依不捨，想念着她。

《遊子驪歌》最後一段寫得很精彩，曲詞如下:

（滾花）從此伯勞東去燕西歸，銀燭有心還惜別，問君歸期未有期。倘若我未成名，卿經賷志，怎學得向郎一串珠。可惜紅豆滿林，相思莫寄，縱有秦箏趙瑟，譜不盡那斷腸詞。

今晚月明不知玉人在何處，便只願來年相會有期。

讀這首曲，也看得出三十年代吳文森撰的《風流夢》，意境和情詞都是受這曲的影響，因爲《風流夢》也正是寫一位多情才子。

《紅絲錯繫》與燕非

燕紅的名曲談過了，再談談她的妹妹燕非的名曲。燕非唱子喉，她的粵曲多取自"班本"，或由開戲師爺撰曲給她唱，因此從她的唱曲中，亦看到早期歌壇的伴奏樂師有和唱和配聲的習慣。燕非唱的衆多粵曲中，以《紅絲錯繫》爲最著名。

《紅絲錯繫》最難唱的一段是《哭靈》。《哭靈》就是到靈堂上拜祭的排場戲。《紅樓夢》有《寶玉哭靈》，《紅絲錯繫》是女子哭靈。在舞台上演哭靈戲因有靈堂的佈景和舞台氣氛，容易感動觀衆。唱粵曲並無佈景亦無舞台氣氛，全由唱者用感情唱出哀怨的情緒，能唱時鴉雀無聲，便算成功。燕非就是唱《哭靈》一段唱得十分感人，故此曲是她的代表作。

《紅絲錯繫》的故事，是敘述女子劉三秀本和表兄相戀，但卻被二叔把她許配給黃家，雖然紅絲錯繫，但從前女子旣已結婚，便從一而終。不料她的丈夫，突患急病而死，這樣她就更加傷心。在哭靈一段，把這種女子從一而終的心情，寫得淋漓盡致。由於這首曲詞，裁取自"班本"中的一段，這段戲有丫環多人出場，其中一些丫環的道白，要由掌板的樂師用子喉代替丫環說話，以增加效果。因此在引錄此曲時，應連這些道白也要引錄出來。但大家知道從前歌壇的樂師，是來自八音班的，因此八音班的掌板者，多數充作曲詞中的奴婢、家丁、兵丁、太監等的道白。

燕非所唱的《紅絲錯繫》頭一段是寫劉三秀自怨婚姻的不如意，但又不能擺脫禮教，既嫁進黃家便無可奈何。曲詞無特別之處，故不引錄第一段，而錄出中間一曲段如後:

> （中板）往事不堪回首記，愁人怕聽杜鵑啼。漏屋更殘難入寐，有誰為我解愁思。（地）（白）來到綉房，待奴進去。姑娘在上，奴婢打躬。（介）站立! 這等慌忙何幹? （地）姑娘不好，相公霎時之間，身亡了! （白）怎麼講? 相公身亡去了。（地）當眞，果然。（地）姑娘甦醒! （首板）聞報到，氣煞奴，魂飛千里!

曲中有“地”字，這字是指台下，即在台下的伴奏樂師。“地”字以下的道白，即由歌台下面的伴奏樂師說道白，表示是婢女進來報告相公身亡的消息。按照舞台粵劇的劇本，這個“地”字下面所說的道白，應為“梅香”所說的。因粵劇劇本稱丫環婢女為“梅香”，這些道白在舞台上演出時，是由一位“開口梅香”說的。由於粵曲歌壇只得一位歌伶唱曲，沒有婢女在旁，因此改為粵曲時便將“梅香”二字改為“地”字，表示由台下樂師代“梅香”道白。

假如沒有早期歌壇的粵曲曲詞留下來，便不容易想像到早期的樂師也要說道白的，也不容易知道曲詞中的一個“地”字是代表樂師。由於粵劇上演時多數搭戲棚

燕非肖像

演出，粵劇的音樂部分常放在戲棚戲台的右角，觀衆能夠看到樂隊的演奏，故粵劇戲班稱樂隊爲“棚面”，而不稱爲“地”的。粵曲歌壇的歌台離地面只三尺，樂隊在地面上演奏，也集中在歌台的右方，形制和粵劇相似，但早期的歌壇伴奏樂隊不是面對觀衆的，而是背向觀衆的。樂隊面對歌伶，歌伶在台上，樂隊在地下，故亦稱之爲“地”。《紅絲錯繫》這段曲詞中的“來到綉房，待奴進去，姑娘在上，奴婢打躬”道白，是由掌板的師傅用子喉道白的。

燕非唱《紅絲錯繫》最精彩的一段，是到靈堂上拜祭亡夫的一段。這段曲詞寫得也頗爲感人，全段用“慢板”唱出，曲詞如下:

> （慢板）恨天公，何妒忌，才子命短情人命薄，虧然我弱女多情。曾記得，這段姻緣可説離奇，錯訂。我一心只望夫唱婦隨，佳偶，天然。想當初，與夫郎無心邂逅，得逢愛敬，實只望，百年歡叙，我我卿卿。怎知道，郎今日無辜喪

命。況且是無病身亡，實在難明。最可嘆，未有遺言囑命，薄命人偷生人世，叫我何以爲情。初杯酒，我淚難收，望你陰魂細聽，願郎你蓬萊有路，騎鶴天庭。二杯酒，奠靈前，待等來世，才把婚姻，再訂。紫城裏，求月老繫定，赤繩。三杯酒，奠塵埃，望你前來鑒領，問郎你，因何生前有義，做乜死後，無靈。看將來，紅顏女徒嗟，薄命。至令得懷人長夜，空嘆孤清。祝罷了奴就把祭文恭敬。（花）唉，我哭到唇乾舌燥，魄散魂驚。願你脫離苦海臨仙境，只可憐我無靠弱女飄零。祭奠已完我神魂不定。夫婦相會，除非在枉死城!

這段曲詞也寫得悲傷纏綿。燕非能掌握曲詞中的神髓，唱得更加哀怨動人。她在唱“初杯酒”時，帶一種欲哭無淚的聲綫唱出，但又並不是唱“苦口”，並未改變調子唱乙反綫。用正綫唱“苦口”是很考工夫的唱法。她由“初杯酒”唱至“二杯酒”時，情感隨之而更加悲淒。到“三杯酒”時，更是帶淚唱出。故唱到最後，贏得如雷掌聲。

燕非因唱《紅絲錯繫》而走出一條唱苦情曲的道路。這是和她的姊姊燕紅分手後自創風格的開始。燕紅唱平喉，唱的曲爲多情公子一類的歌，燕非則唱樓頭怨婦、薄命佳人一類的歌，姊妹各走一路。燕非走唱樓頭怨婦、薄命佳人的歌路後，另有兩首名曲，其一爲《玉梅花》，另一爲《哭骨》。

《梅之淚》、《佳偶兵戎》、《客途秋恨》與白珊瑚

《梅之淚》

早期歌伶中除燕紅燕飛之外，還有一位白珊瑚。白珊瑚的出身據說也是石塘咀的歌姬，後來從良之後，丈夫的生意一落千丈，被夫家逐出家門，指爲“邪花入室”，又指爲“陀衰家”，她於是便靠到歌壇唱歌維持生活。白珊瑚在任歌姬時本名珊瑚，從良後復出，在珊瑚上加一本姓，故名白珊瑚，以示過去的珊瑚已經過去，現在的是白珊瑚。

早期香港歌壇歌伶有多位是妓女從良後被夫家指爲“邪花入室”而逐出家門的。這類被夫家逐出的妓女，其中年紀不大的多仍投身妓院，妓院稱這類妓女爲“翻到”。不願再投入火坑的，並能唱曲的，便在歌壇唱歌，白珊瑚即其中不願再作妓女而投身歌壇的一位。

白珊瑚是讀過書的。她曾對人說，妓女嫁作商人婦，其後因丈夫生意失敗而被指爲“邪花入室”及“陀衰家”，是對妓女的侮辱。商人在好景時財源廣進，於是徵歌選色，沉迷於酒色，揮金帶妓女回家作妾。一方面將現金浪費於歡場和酒色方面，對所經營的生意自然不及未徵歌選色之前的努力。因此帶妓女埋街之後生意肯定是逐漸衰退，三幾年後即周轉不靈而債台高築，債主追債時便不能不賣田賣地還債，流於破產邊緣。他自己不檢討

白珊瑚肖像

自己，卻把責任推在妓女身上，指爲“陀衰家”，意思是指她自入門以來即令到自己行衰運，於是將她逐出家門。妓女被逐雖然蒙個“陀衰家”不美之名，但也獲得一個新生的機會，只要能自食其力，便不再受其他人的壓迫。白珊瑚因當歌姬時有艮好的曲藝基礎，回港時請教她唱歌的師傅福介紹到歌壇唱歌，唱得一年左右即走紅。

白珊瑚擅唱班本曲，能模仿舞台上的大老倌唱戲，包括模仿靚少鳳、白駒榮、馬師曾三位當時紅極一時的粵劇大老倌的唱腔。評曲人認爲她模仿靚少鳳最是神似。因此她唱得最紅的也是靚少鳳的《梅之淚》。《梅之淚》是靚少鳳的首本戲，由靚少鳳和千里駒合演。

《梅之淚》的故事，是寫曾文正告老歸田，他的兒子曾耀强常到金家店飲酒，與店主之女金少梅相好。不料山大王周勇看見金少梅美麗，帶領手下到金家店强搶金少梅回去作押寨夫人。途中遇到曾耀强，曾耀强將山賊打敗，救回金少梅，但他也受了傷。金少梅爲他悉心療傷，兩人感情又進一步，私訂婚姻。兩人在林中惜別時爲曾父所見，曾文正大怒，命兒子爲國效勞投軍平賊亂。曾耀强雖屢屢建功，卻常在軍營中思念少梅而落淚。山賊知道他愛少梅，於是劫去少梅父女，要他投降。他詐降而將山大王殺死，救出少梅父女，終獲父親諒解而成親。

《梅之淚》是編劇家龐一鳳所編的，主題曲也是龐一鳳所撰。這首主題曲是在軍營中因思念金少梅而唱的，正因他唱出這一首《梅之淚》表示思念金少梅，才爲山賊的探子探知，並將金少梅擄走迫他投降。

靚少鳳飾曾耀强，千里駒飾金少梅，主題曲由靚少鳳獨唱。白珊瑚是位標準戲迷，特別對靚少鳳所演的戲是逢戲必看的。正因爲常看靚少鳳的戲而模仿他的唱腔，故唱得十分神似。她本人也很聰明，看過一次之後，便能對曲照唱而唱得唯肖唯妙。編劇家龐一鳳亦因爲見她唱靚少鳳腔唱得極好，經常供應靚少鳳演出的戲曲給她唱。

《梅之淚》主題曲並不是長曲。二十年代的歌壇粵曲，歌伶多唱長曲的。由於歌壇主人要求每一歌伶以四十五分鐘爲一薪酬計算單位，若唱短曲的話，便不能唱足四十五分鐘，到時必須補唱多一首短曲。是以白珊瑚唱短曲可說是一例外。

靚少鳳的歌喉別具一格，這種風格其實和他的出身有關。故必須談談靚少鳳的出身才能領略到他的歌喉的風格，否則只靠文字描述是很難領悟的。

靚少鳳是在南洋學戲的，他生得清秀而苗條，是以學戲的時候專學花旦。他在南洋落班時藝名叫凌宵鳳，由於扮相嬌俏而演技又出色，唱花旦腔咬字和道白都不用假聲，因此在南洋班中很多人以爲他是女人。後來他被環球樂的班主到南洋物色回來。當時環球樂班主對靚少鳳說，若他返唐山仍當花旦，只能當二幫，但若肯改變戲路，演小武戲，則可當正印小武，和千里駒合作。因此，班主建議靚少鳳最好不用凌宵鳳這個藝名。靚少鳳在南洋班戲金極低，返唐山戲金比南洋的高達兩倍，自然答應，於是他改名靚少鳳。

明白靚少鳳這一段歷史，就容易描述他的唱腔唱的雖然是男角的平喉，只因他過去演的是花旦戲，因此喉底有點“女人味”，不僅聲調比一般唱平喉的小武略高，喉底也帶點花旦的味道，因此極受女觀衆歡迎。他的扮相夠“靚仔”，唱腔又帶有女人味道，爲從前粵劇演員未曾有過的唱腔，是以一炮而紅。白珊瑚本身是女人，模仿靚少鳳帶女人味的唱腔自然較容易，亦因而唱得最神似。故她唱靚少鳳的《梅之淚》，被認爲是最得意之作。

《梅之淚》的曲詞，頭一段如下：

> （滾花）講到痴情兩個字，都算係好交關。虧我呢一種心事，你話對誰談。我搔首問天，天呀也你生吾這樣，爲什麼我姻緣唔就，至惹起我恨海波瀾。

這段曲詞是舞台劇主角曾耀强在軍營中爲憶金少梅而唱的，所謂《梅之淚》的梅，就是指金少梅。亦即爲思念金少梅而流淚之謂。白珊瑚唱這頭一段曲詞，完全模仿靚少鳳帶幾分女人味的唱法。

《梅之淚》的第二段曲詞如下:

(中慢板) 曾記得, 那日裏遊玩西山, 到金家曾相識這位姑娘。我自從見過她一面, 心欲把那佳人再探, 到中途, 見她被擄, 嚇得我膽驚心寒。俺小生, 身臨虎穴打救佳人出難。在松林裏眞不幸, 遇着父親遊覽。他說道, 一男一女必定有非常事幹, 不由分說, 要兩下分張。無奈何忍氣吞聲, 惟有自嗟自嘆。問蒼天, 緣何故, 乜使我得咁緣慳。到如今, 我爲憶多情, 至想到我肝腸欲爛。重有魚書準備, 難以付與姑娘。到今時, 我陣陣愁容, 難免單思病患。(收板) 虧我無聊之極, 使我越覺心煩。

這曲的文字其實平平而已, 完全是靠唱者把多情公子思念佳人的情結唱得哀怨而已。在演戲時, 因有舞台氣氛和有表情做手, 較爲容易唱得哀怨。在歌壇上並無做手也無舞台氣氛, 能唱出動人的效果實在不易。白珊瑚唱得動人, 故被譽《梅之淚》是她的代表作。

靚少鳳於1928年加入鈞天樂班, 與陳非儂合作, 不料這一年10月, 靚少鳳患病不能出場, 入醫院留醫幾月餘, 病後體弱, 並且失聲, 不能再演戲, 於是《梅之淚》也成爲靚少鳳的代表作。

白珊瑚仿靚少鳳唱腔還有一曲《旅店憶美》。這是靚少鳳與陳非儂在鈞天樂戲班中演出的《古宮劍影》一劇中的一段唱段, 也和《梅之淚》的唱詞相似, 但較爲文雅, 錄《旅店憶美》頭一段可作比較:

(梆子慢板) 夜漫漫, 旅店中, 月明如晝。到園林來拜月, 更覺景象淸幽。樓台上燦爛燈光, 跳舞場中各尋女友。只嘆我尋人不見, 令我擔憂。我獨一人在林中, 歲月無聊,惟有自行自走。

這首粵曲是路錦卿所作。路錦卿是當年爲陳非儂開戲的編劇家，龐一鳳則爲千里駒開戲。看此曲則知路錦卿曲詞較龐一鳳的雅。

《佳偶兵戎》

白珊瑚另一首名曲是《佳偶兵戎》，是模仿馬師曾唱腔唱出的。由於白珊瑚前期仿效的對象靚少鳳病後體弱，不能再演戲，於是班主便請來馬師曾合拍陳非儂。《佳偶兵戎》便是他們合作最成功的戲目。

《佳偶兵戎》也是開戲師爺路錦卿所作的粵劇戲曲。這套粵劇的故事內容很多上年紀的戲迷都耳熟能詳。四十歲以下的讀者，可能對故事內容一無所知，相信也聽過《佳偶兵戎》這個戲名，今先介紹故事於後。

整個戲最新鮮而戲劇化的一段，是由馬師曾飾演萬俟英向衆兵丁宣佈和趙淑貞的娘子軍交戰時，不用擧刀槍，只帶胭脂水粉送給她們，用這方法感動對方的娘子軍而釋兵戎。當時由於這一段戲劇化的橋段極新鮮，是以《佳偶兵戎》演出時場場滿座。白珊瑚把握這一時機，向開戲師爺路錦卿索取曲本中的主題曲，仿馬師曾的唱腔演唱。

劇情是金國的丞相有謀朝奪位之心，王子萬俟英爲了保住自己的性命，詐作神經不正常，佯狂詐癲，讓丞相視他爲廢人，對他疏於監視。萬俟英本已和宋國王姑趙淑貞訂親，趙淑貞聽說萬俟英神經錯亂，拒絕承認這頭親事，她在宋國訓練娘子軍，建築女子新軍大本營。

丞相乘機製造事端，說宋國背棄婚約，罪大惡極，應興兵討伐。他原想國王御駕親征，使人暗殺國王，於是便可迫天子讓位。但王子萬俟英卻提出代父出兵，他領兵到宋國邊境，化裝老婦到趙淑貞的軍營去，勸趙淑貞和萬俟英結婚，觸怒趙淑貞，遂動干戈，險些被擒。萬俟英設法感動趙淑貞，待趙淑貞領兵來攻時，士兵不還手，反送脂粉給趙淑貞的女士兵。趙淑貞見到萬俟英並非神經錯亂，於是願和好成親。這時丞相在金國迫老王退位，萬俟英與趙淑貞起兵回國，殺退叛軍，捉拿奸相。

《佳偶兵戎》的主題曲，曲詞如下:

> (首板) 打破玉龍飛彩鳳，打破玉龍……飛彩鳳! (滾花) 頓開金鎖走蛟龍! (白) 本藩奉王命，親自來點兵，孤家言和語，你們要細聽呀。(慢板) 叫一聲，衆兵士，細聽我言語。(白欖) 開言叫一聲，你地衆軍士，本藩奉王命，親自來督師，你估去邊處，係去打女子。不用帶刀槍，唔使帶兵器。第一帶粉紙，第二帶胭脂，舉動要溫柔，說話要潮氣，對待的女子，第一要腰肢，如果你咁樣，女人必鍾意。女人鍾意你，有你地便宜。陣上來招親，兵戎成艷事。軍營當洞房，過你地好日子。我劏豬兼殺羊，等你高興的。問聲衆軍士，你話得意唔得意……

這一段曲詞，的確是前所未見，屬於“得意”一類。我們從這一段曲詞中，知道二十年代女子的化粧品中，有一種名叫“粉紙”的東西。它是一本手摺，手摺內有三四十張白紙，這種白紙其中一面，塗滿香粉，女子在外出時，只須帶着一本粉紙，就可以隨時撕一張出來補粉，故曲詞有“第一帶粉紙”之句。至於胭脂，當時也是手摺型的，摺合起來就易於携帶，用時只須在頰上用胭脂摺塗抹一下就成。

馬師曾在舞台上飾演萬俟英王子，唱這一段曲時，手上拿着粉紙和胭脂。對於女觀衆來說，是第一次見到她們所用的化粧品出現於舞台上，並且由大佬倌拿起來介紹，是以頗得女觀衆歡心。《佳偶兵戎》遂成爲馬師曾經典戲曲之一。

《佳偶兵戎》主題曲，是用一段“慢板”唱幾句，再用“白欖”唱幾句，全曲是“慢板”轉“白欖”，又到“白欖”再轉“慢板”，只是重複兩種曲調唱着，是屬於容易唱的戲曲。因爲“白欖”是近於道白的一種，但和道白不同，“白欖”是押韻的，道白卻不押韻。

《佳偶兵戎》主題曲最後兩段的曲詞亦頗爲滑稽，鈔出於後:

> （慢板）呢番說話你緊記，心時。男同女來對壘，若然打勝，千祈咪追。（白欖）若果在陣上，兩軍來對壘，若然打勝咗，千祈咪過追。大家齊下馬，把盔甲來除，抛去手中槍，高聲叫一句: 你話姑娘唔使走，我唔會將你追，快的番轉頭，有話說躊躇。天公早生成，一男配一女。一代傳一代，天地至唔會空虛。眞不明你地，同天地作對。而家幾得意，睇住你就衰。光陰如矢箭，歲月如流水，眞係斬下眼，你地幾十歲。等到個陣時，有鬼將你娶? 呢一番說話，料必勸服佢。個陣嫁咗你，夫唱婦又隨。兩家講出嚟，我都流口水。（慢板）呢番說話，未有子虛。辭別了大丞相，把程來啓。把程來啓!（滾花）如果想娶靚老婆，跟住我來呀!

全曲最妙是最後兩句:“如果想娶靚老婆，跟住我來!”因此，白珊瑚仿馬腔唱到最後這兩句，歌迷於拍掌之後向白珊瑚取笑說:“跟住你，是不是有個靚老婆!”白珊瑚說，“我是代馬師曾唱的，今晚馬師曾在太平戲院演戲，跟住佢可也，我都跟，因爲我想搵個好老公!”

《客途秋恨》

白珊瑚除了仿馬師曾唱腔之外，亦仿白駒榮的唱腔。白駒榮有兩齣首本戲，一爲《客途秋恨》，一爲《泣荊花》。《客途秋恨》流行於前，是以白珊瑚只唱過《客途秋恨》，未唱過《泣荊花》。

《客途秋恨》本是廣東古本南音唱曲，以失明藝人鍾德唱得最爲動人。鍾德在省港歌壇都唱過，但他所唱的是古本，與白駒榮所唱的不同。

鍾德所唱的《客途秋恨》開頭的幾句是“孤舟空寂，晚景涼天。斜倚篷窗思情然。”白駒榮所唱的，開頭的幾句是“涼風有信，秋月無邊，虧我思嬌情結，好比度日如年。”

《客途秋恨》爲什麼有兩種不同的起首式，很多人都曾經研究過。記得五十年代，《大公報》的“藝文”版曾有多位學者，討論過這一點。但都沒有找出原因來。其實原因是很簡單的。鍾德唱的《客途秋恨》是古來的南音唱曲，白駒榮唱的是戲曲中的《客途秋恨》。因此兩曲的起首曲詞，完全不同。

由於《客途秋恨》被鍾德這位失明藝人唱得街知巷聞，當時編粵劇的編劇家黃少拔便將《客途秋恨》編爲粵劇。他將男主角附會爲繆蓮仙，女主角爲麥秋娟，其他人物有錢江、兩廣總督徐廣縉，還有陳開。把一些歷史人物牽在一起來編成粵劇的《客途秋恨》。

粵劇《客途秋恨》的劇情是這樣的: 繆蓮仙來到廣州謀職，在兩廣總督徐廣縉下面當一位師爺。他與青樓妓女麥秋娟相愛，訂下婚姻。徐總督聽說錢江有才略，叫繆蓮仙去找錢江，錢江進見繆總督頗受重用。錢江爲投繆蓮仙的知遇，推薦繆蓮仙往南雄任職。秋娟在青樓設宴餞行，適逢中秋節。繆蓮仙赴南雄之後，總督發現錢江與洪秀全私通，命捕頭將錢江拘捕，錢江逃到佛山，與陳開起兵造反，圍困廣州城。繆蓮仙聞訊，客居南雄，適逢中秋節，便唱主題曲。後來繆蓮仙於干戈擦亂後，終和秋娟相會團圓。

黃少拔編的《客途秋恨》，是由白駒榮飾繆蓮仙，陳非儂飾麥秋娟。因此白駒榮唱的是戲文中的《客途秋恨》，黃少拔要將原曲改成戲曲才能在舞台上演唱，必須將人物交代清楚，於是在"孤舟岑寂"之前，加了一段"涼風有信，秋月無邊。虧我思嬌情結，好比度日如年。小生繆艮，蓮仙字，爲憶多情妓女，麥氏秋娟。見佢聲色性情堪讚羨，更兼才貌兩相全。今日天各一方，難見面，是以孤舟岑寂，晚景涼天。……"

自從黃少拔將《客途秋恨》改編粵劇後，又經白駒榮飾演繆蓮仙演得唯肖唯妙，再加上歌壇中的白珊瑚仿白駒榮的腔口演唱，於是戲曲中的《客途秋恨》便流傳起來。以文堂、五桂堂等書局爭相出版戲曲中的《客途秋恨》，反而壓倒了古曲的由鍾德唱紅的《客途秋恨》。到了三十年代，坊間出版的南音曲本，幾乎清一色是戲曲版本。

正因黃少拔改編粵劇劇本時，以繆蓮仙爲男主角，以麥秋娟爲女主角，於是很多人都說《客途秋恨》原曲的作者是繆蓮仙。可見黃少拔改編粵劇的感染力是何等强大。其實《客途秋恨》的古曲絕對不是繆蓮仙的作品，因爲繆蓮仙編有四本《遊戲文章》，書內凡數十萬言，並無片言隻字提到《客途秋恨》。如果他作有《客途秋恨》的詞或詩，或南音唱曲，應該會在書中提及。《遊戲文章》內有繆蓮仙的藕花盦詩，有他的詞，有他寫的各種文體的文章，但並無涉及《客途秋恨》四個字，更遑論有這首名曲了。

由於人們一向將失明藝人唱的粵曲分爲一類，歌壇上演員唱的粵曲又成一類，舞台上演粵劇的演員唱的粵曲再自成一類，便以爲三種粵曲各不相通。及後來失明藝人唱《客途秋恨》時，不從“孤舟岑寂，晚景涼天”起唱，而唱“涼風有信”，一直唱到“小生繆艮蓮仙字”，便以爲此曲是繆蓮仙所作。他們不知道由於舞台上的《客途秋恨》流行起來，失明藝人也要跟着唱。亦由於忽略舞台戲曲與失明藝人的唱曲一向有聯繫，才有此誤會。有人更附會說，《客途秋恨》內有“遊戲文章賤賣錢”一句，是指繆蓮仙編寫《遊戲文章》時的心境的，憑一句“遊戲文章賤賣錢”便指爲證據。

相信讀者有興趣想知道《客途秋恨》原曲的作者是誰。筆者曾找遍許多筆記小說，以及第二次鴉片戰爭時期的文學作品，但都找不到原作者是誰？唯一可以肯定的，是《客途秋恨》非繆蓮仙所作。今先將繆在廣東的歷史細說一遍，然後否定他作此曲。

繆蓮仙的生平史迹，完全可以從他所編的《遊戲文章》和《嚶求集》中找到。《遊戲文章》第三編有王臺所作的《繆蓮仙年譜序》，指出繆蓮仙生於丙戌，即生於乾隆三十一年（公元1766年）。他於庚午十一月來嶺南，即嘉元十五年（公元1810年）來粵。就是說他四十四歲才到廣州。初傳在薩阿寺內，靠賣文和編《遊戲文章》維持生活。後來他離廣州到廣寧縣教書，直到道光元年（公元1821年），當時他已是五十五歲的年紀了。

至於羊城妓女，並無麥氏秋娟和他沾上關係，但《遊戲文章》四編內，有繆蓮仙寫的《寄麥大安書》。麥大安是廣州一名妓女，與繆蓮仙頗有感情。這封《寄麥大安書》後，有岷源張聰燧的題識。題識全文爲：

> 辛巳花朝前七日，予偕王晋堂自廣寧返棹珠江。將解纜矣，與蓮仙及同事諸君話別。因戲謂蓮仙曰：君久別安卿，亦欲倩予作寄書郵耶？蓮仙笑而頷之，即伸紙覆書此簡。雖言不盡意，已覺情餘於文。時晋堂與送行者，皆云老子興復不淺。

繆蓮仙《寄麥大安書》全文如下：

> 卻會一年，相離五月，相思已叢萬秋矣！自違芳訊，魚雁難通，遙想安卿玉體吉康，食眠無恙，私心祝願，亮慰所懷。僕浪跡炎郊，羈身孤館，每對春山橫黛，如挹翠眉，倘蒙秋水回波，定凝青眼。夢魂顛倒，尚看簾下梳頭，笑語輕盈，難忘榻前抵足。卿原知我，一紙空馳，僕本恨人，百端交集。看風料峭，塞煖不常。伏候起居，諸維珍重。此佈安卿粧次。未盡欲言。繆艮上。

這一封信，就是繆蓮仙爲憶多情妓女而作的，但信中並無半點《客途秋恨》的味道。

繆蓮仙的《遊戲文章》中旣然找不到《客途秋恨》的踪迹，再看他所編的《嚶求集》，亦找不到有關《客途秋恨》的片言隻字，甚至類似曲中意境的作品也沒有提及。

《嚶求集》是繆蓮仙在七十歲時，將歷年與朋友往來的書信輯成書的。這些書信，全部都是他的作品。書前有一篇《序》，全文如下:

> 伐木之詩曰: 嚶其鳴矣，求其友聲。又曰: 相彼鳥矣，猶求友聲。矧伊人矣，不求友生。是人與人相往來，未嘗不憑尺素以傳寸衷者。有懷欲白，可以人不如鳥乎? 余游粤以來，計兮二十有六稔，年已七十矣，交友旣廣，寓書亦多，其間道殷勤、通款洽，蓋不知凡幾。坊友屢乞余稿付梓，因檢殘編斷簡於敗簏中，得什之二三，殆如時鳥變聲，藉以呼朋引類云爾。道光乙未暮春，泉唐蓮仙老人繆艮自識於羊城旅舍之一廣山房。

道光乙未年即公元1835年。他四十四歲來廣東，到七十歲，自述來粤二十六年，是以可以從他的書信中，查出他來粤的生活史和活動史，因爲《嚶求集》所收的全部是他寫給朋友的書信。這信中，他常用“僕本恨人”四字，只這“恨人”的“恨”字和“客途秋恨”的“恨”字有關。

他五十五歲時在廣寧縣文治書院敎書，這是他一生中最愉快的時刻。五十八歲到龍川縣爲縣令作文牘幕客。這一年，有一位康若洲送一位婢女給他作妾，這位婢女名林柔。在他的書信中常稱她爲柔卿，或林柔卿，他把林柔比作蘇東坡的朝雲。這位林柔也像朝雲那樣短命，到辛卯年七月初七即七夕之夜便病逝。辛卯是公元1831年，即他六十六歲，這一年他在順德縣社學教書，社學欠他的薪金，使他焦頭爛額，靠向朋友告貸度過難關。後來在番禺教書，再任教於六縣公學。

繆蓮仙在鴉片戰爭前夕已離廣東返故鄉杭州，他在廣東留下四編《遊戲文章》、四卷《嚶求集》及一卷《中外羣英會錄》。後者只從他六十九歲和七十歲時的書信中獲知，筆者未曾見過此書。他一生只對麥大安動過情，對於潮州四名妓女——春意、金鶯、八貫、紉安，都寫過信給她們，但都不是情信，而是問候信。

如果《客途秋恨》是繆蓮仙所作，上述他的著作不可能不留下一點訊息的。附會此曲爲繆蓮仙所作，完全是由於黃少拔把《客途秋恨》編成粵劇，把男主角命名爲繆蓮仙所造成。附會者更因曲中有“遊戲文章賤賣錢”之句，說他有四編《遊戲文章》，其實在這一句上面另有一句，論者卻不引用，成了斷章取義。上面一句是“只學得龜年歌調唐宮譜”，下句是“遊戲文章賤賣錢”。就是說，所謂遊戲文章，只是撰寫歌詞，並非指四編《遊戲文章》。

《客途秋恨》曲詞最早見於《粵海春秋》一書，是當時廣州書坊舖將廣州附近流傳的詩詞歌賦和歌曲輯成的。可知《客途秋恨》不是寫於第一次鴉片戰爭時期，而是寫於第二次鴉片戰爭時期的。這首歌很多人視爲情歌，實則是一首咒罵第二次鴉片戰爭的粵歌。

我們先看看下面的一段歌詞:

> 請纓未遂終軍志，馹馬難揚祖逖鞭，只學得龜年歌調唐宮譜，遊戲文章賤賣錢。只望斐航玉杵諧心願，藍橋踐約去訪神仙，廣寒宮殿無關鎖，何愁好月不團圓。點想滄溟鼎沸鯨鯢變，妖氛漫海動烽烟，是以關山咫尺成千里，縱有雁札魚書總杳然。又聽得羽書馳牒報，都話干戈擾亂擾江村，個的崑山玉石也遭焚燬，將似避秦男女入桃源。紅顏薄命招天妒，重怕賊星來犯月中仙，嬌花曾被狂風損，玉容無主倩誰憐。你係幽蘭不肯受污泥染，一定拚襲香海玉化烟。

1856年10月8日，中國水師在亞羅號商船上搜獲大批私貨，英海軍藉口亞羅號事件而發動戰爭，史稱第二次鴉片戰爭。英艦於1857年12月28日，以全力炮轟廣州，其後並佔領廣州，當時廣州居民紛紛逃難往各地去，這一段歷史，都在《客途秋恨》內寫出來。

《客途秋恨》曲詞中的“滄溟鼎沸鯨鯢變，妖氛漫海動烽烟”，以及“又聽得羽書馳牒報，都話干戈擾亂擾江村，個的崑山玉石也遭焚燬，將似避秦男女入桃源。紅顏薄命招天妒，重怕賊星來犯月中仙。”正寫出了英艦轟毀了廣州各處城牆，英軍入城後姦淫擄掠，人民逃難的情景。在這一大段曲詞中，卻可以找到，並且說明了作曲人，是借思念那一位實無其人的“青樓妓女”，來咒罵當時的可哀的局勢。

作者用“妖氛”、“賊星”咒罵侵略者。或許有人認爲“妖氛”、“賊星”是指張保仔。其實張保仔未曾威脅過廣州城，也未做到“崑山玉石俱焚燬”，就是第一次鴉片戰爭時，廣州還是巋然不動的。可知曲詞寫的是第二次鴉片戰爭炮轟廣州全城的事。可惜以前論《客途秋恨》的學人，偏偏忽略了這一大段的可歌可泣的曲詞。

曲詞中也有提醒人們注意亡國恨的可能，作者有一段是這樣寫的:

> 記得填詞偶寫胭脂井，你重含情相伴對話銀燈，細問曲中何故事，我把陳後主個段風流說過你知聞。講到兵困景陽家國破，歌殘玉樹後庭春，攜住二妃藏井底，死去難捨意中人。你聽到此情深嘆息，重話風流天子枉情眞，總係唔該享盡奢華福，故把江山委赤塵。你係女流也曉興亡事，不枉梅花爲骨雪爲心。

作者這一段曲詞，顯然是借"青樓妓女"之口，罵那些只知享盡奢華福的達官貴人,不知國破家亡的可哀,反而不及一位青樓妓女也知國家興亡事。

爲免把話題拖得太遠，還是談談早期歌壇的名曲和名歌伶。

黃少拔改編《客途秋恨》時，有一支主題曲是由女主角麥秋娟唱的,這支用子喉唱的《客途秋恨》主題曲,卻被很多人忽略。因爲在舞台上，觀衆都全神傾聽白駒榮唱主題曲,陳非儂飾演麥秋娟唱的主題曲由於是新曲,故少人注意。但此曲在歌壇上則唱得頗紅，唱此曲的歌伶，是張瓊仙。

張瓊仙與白珊瑚是同時期的歌伶，但白珊瑚只唱了幾年歌便作歸家娘，以後即卸卻歌衫。張瓊仙則一直在歌壇上唱到戰後。關於張瓊仙的事留待下一章談歌壇中的業餘玩家時詳談。現時先談談《客途秋恨》粵劇中的另一首主題曲，此主題曲名《秋娘恨》。秋娘，即是麥

秋娟。粵劇上演時，陳非儂飾麥秋娟在思念繆蓮仙時唱出的一段戲文。此曲因知者甚少，今先把前半段曲詞抄列於後:

(中板) 園林夜靜人聲寂，爲郎憔悴倍凄楚。想起當年恩愛事，偸彈珠淚暗神馳。說什麼生生和世世，姻緣變幻負佳期。轉瞬年華如水逝，巫山雲雨夢迷離。觸景思人心欲碎，滿懷憂恨情誰知。(慢板) 想當日，在靑樓，飄蓬飛絮。平康中，多半是 (轉落二簧慢板) 走馬王孫。一個個，一個個，一個一個負義，男兒。可憐儂，身世飄零，是幽蘭弱質。解語花被狂風吹落，在汚泥。幸遇着繆蓮仙，將奴憐惜。乍相逢，好似魚水，相依。實只望，託以終身，從此名花有主。有誰知，驪歌忽唱，一旦，分離。

曲中有“幸遇着繆蓮仙將奴愛惜”，可以說是子喉唱的《客途秋恨》。

《秋娘恨》的下半段曲詞如下:

(轉西皮) 致令得今日望穿秋水，伊人何處，相會何時。豈眞是好事多磨，從來古語，離人思婦，割斷情絲。(慢板) 今晚夜，散步園林，解解愁緒。到花間，悄無語，瞻眺徘徊。(中板) 又只見，秋海棠宿露含珠，好似替儂垂淚。丹桂花，欲言不語，莫非是笑我，痴迷。對嫦娥，顧影自憐，誰惜紅顏命鄙。爲郎憔悴，弄得我病骨支離。到後來，春盡花殘，又恐怕玉容無主。九迴腸斷恨如絲。花陰下又聽得有人到此。(滾花) 倚欄杆，看一看到者是誰。

黃少拔編粵劇《客途秋恨》，在撰這支由陳非儂唱的《秋娘恨》主題曲時，極力模仿原曲的韻味，但卻有心無力。試將《秋娘恨》和《客途秋恨》原曲比較，就知道黃少拔的功力大大不如。不過由於當時粵劇《客途秋恨》十分賣座，張瓊仙又把《秋娘恨》唱得哀怨，加上當時歌壇安排白珊瑚用白駒榮腔唱《客途秋恨》，接着由張瓊仙唱《秋娘恨》，歌迷一齊欣賞兩首主題曲，覺得十分過癮，也不計較《秋娘恨》的曲詞不及《客途秋恨》了。

二十年代至三十年代,《客途秋恨》是極熱門的名曲，歌壇如請瞽師演唱，亦必定唱此曲，因此專出版木魚書的五桂堂等紛紛出版戲曲中的曲詞,故自二十年代末期，所有曲本，都是“涼風有信”開頭，而不用原曲的“孤舟嶺寂”開頭。到三十年代粵劇男女同班解禁後，粵劇曲本亦大刷新，從前曲本只用梆黃曲調撰曲，一改而爲加插小曲，因此全部屬於梆黃的粵劇《客途秋恨》亦未曾再在粵劇舞台上演出過。人們已經忘記“涼風有信”開始的是曲本的曲詞，才會誤認爲此曲是繆蓮仙所作。

近日筆者訪問九十五歲的王心帆老師，據他說，二十年代，有一首粵曲，用梆黃唱《客途秋恨》的，當時也很流行。此曲名《名士風流》，是由牡丹蘇主唱的。這首曲甚少人知道，故錄出供大家參考:

> （乙反二王）扁舟裏，沉寂靜，單飛之燕。（慢板）薄命人，今晚夜，思夫情緒，好比度日如年。知心人，天各一方，實在難以見面，致令到孤舟沉寂，晚景涼天。你看來，夕陽戀住個對雙飛燕，斜倚在那蓬窗，懷人對月，令我思憶悄然。自邊廂，怕聽得梧桐落葉，一陣秋風撲面。舉頭望，又見平橋衰柳，鎖住寒烟。實可憐情緒悲秋，個個宋玉命蹇。苦煞我，客途抱恨，你話對乜誰言。恨只恨，舊誓難如潮有

信，點得情人會面這種新愁舊恨，深似大海無邊。今日裏觸景傷情，憶起我個知心久別，眞正是懷人愁對月魄華圓。曾記得青樓邂逅，蒲柳之姿深蒙讚羨。我兩人纏綿相愛，又復相憐。奴與他，肝膽情懷將有兩月眷戀。又誰知科期催趲，迫要策馬揚鞭。經幾回眷戀難分，終歸不免。（重句）（二流）又恐怕緣慳兩字，要折離鸞。可嘆伯勞飛燕，東西各別，未知何日，得個好月團圓。今晚夜只見江楓漁火，照住愁人面。（收板）好比玉容無主，你話羡乜誰憐。

這首《名士風流》的詞句，完全是將《客途秋恨》的曲詞嵌進去，由於要配合“二王”、“慢板”、“二流”等唱法，中間要加多一些字句才能唱出，但基本上是照古曲的曲詞填上去的，甚至起首的幾句，也是用“孤舟沉寂，晚景涼天”的。讀者可以拿《客途秋恨》的曲詞與之一對，便知道個中的巧妙之處了。《名士風流》是由花旦唱的，但它是粵曲而不是戲曲，因此曲詞毋須像戲曲那樣說明曲中人是誰，亦沒有寫出思念的人是誰，可知它不是《秋娘恨》一類的由戲曲改成粵曲的。

早期粵曲玩家

時事玩家盧庚

談論粵曲和粵曲歌壇，不能忽略玩家所作的貢獻。“玩家”是粵語，其意義是由於興趣而玩粵曲和粵曲音樂，而不是職業性的。“玩家”相當於京劇中的“票友”。粵曲從開始誕生之時，即有玩家，在道光年間，第一位著名的玩家就是招子庸，他所作的《粵謳》，以及他以琵琶伴奏粵謳，都是名重一時的。其後各個時期都有玩家出現，直到現時，粵曲歌壇上仍有很多玩家。

由於玩家完全以興趣參與，不以賺錢爲目的，是以他們可隨興趣而改良粵曲的伴奏法，以及將各種西洋樂器搬出來伴奏。這種方式既影響歌壇的面貌，也影響粵劇的面貌。清末鼓吹革命的粵曲粵劇團體，後人稱這爲“志大班”，大部分都是由玩家組織起來的。到了民國初年，本港之體育會興起，體育會都設有音樂部。這些音樂部全由玩家組成，著名的有中華遊樂會的中樂部，南華體育會的音樂部及頌聲慈善社的中樂部。此外，永安公司、先施公司的員工，也有音樂部之設。本港的著名玩家，亦都自這些業餘粵樂團體出身。

南華體育會創辦於1910年，即宣統二年，創辦之初本名南華遊樂會，到1919年才改爲南華體育會。在南華遊樂會期間，該會已由多位玩家組成音樂部。其中一位盧庚，是該會音樂部主要組織人。盧庚會玩多種樂器，彈、拉、吹、打各種樂器都會，他自己亦會唱戲，也會撰曲。

1915年袁世凱稱帝，雲南督軍蔡鍔被困北京，後來設法化裝逃往日本，自日本經越南返雲南，舉兵反對袁世凱稱帝，史稱“雲南起義”。當時袁世凱派曹錕攻雲南，爲蔡鍔義師所敗，全國振奮。爲此盧庚自撰一曲，歌頌

石塘二仙街之八音館

食飯神仙

大抵石塘二仙之街八音之館、出入該館之門者、多是西裝長衫之客、故有斯文八音館之稱、該館前者因米飯班主不能支持、已貼其召頂之紙、遂致一班斯文八音佬、幾乎變爲無主孤魂、成爲有主歸主、無主歸廟之局面、後來幸得狀公子出資維持、加以革命餘生之老而不死、出面採辦、其原日之案主亦號召亂日之嘍囉、遂煥然一新、於是久不聞音樂之聲之八音館、每晚大鑼大鼓、高唱八聲、午夜則琴韻可聆、悠洋徹耳、且有嘈嘈雜錯雜其間、此正該八音館之狀公子、革命餘生之老而不死與乎該館之案主、所謂賞心樂事之時也、側聞人言、謂該八音館之狀公子、本乃急色之兒、昔不能得與女伶親近、故做其米飯班主、而假革命的餘生老而不死之虛架子之威、而鎮壓該館之案主、以收其漁色之利、第該老而不死、知其劇點可乘、而利其多金、可以假借故樂而與之周旋、案主亦偽端而收其行水、遂有該館案主之設、每當琴聲久竭之時、楓有(very tire)之聲浪雜出、喵、此所以斯文八音館、

業餘玩家容身所——八音館，文章刊於一九二八年出版的《骨子》三日刊。

這一段歷史，此曲名《二定中華蔡鍔大敗曹錕》。他不僅在自己的音樂部唱這首曲，還到香港各歌壇唱，故他被譽爲唱時事粤曲的始祖。

盧庚以玩家的身份，到歌壇客串，唱他所作的時事歌曲《蔡鍔大敗曹錕》，在當時來說，是絕無僅有的。由於他是著名的玩家，歌壇主人以及伴奏的樂手都認識他，而且他們也是愛國的，是以每個歌壇，都歡迎他演唱。

他是唱大喉的，仿武生的唱腔，唱得極爲生猛，他以唱楚霸王烏江自刎的氣勢唱此曲。今將原曲抄錄於後:

蔡鍔（二王首板）統着了革命軍，常常得勝!（急板滾花）此番虎鬥與龍爭，來到荒山，又聽鼓聲（鼓聲介）在此佈陣候敵人。（曹錕首板）奉過了袁新君把兵統領。（急花）要把黨人一掃平。戰鼓如雷，喇叭聲（喇叭介）敵軍紮營在山前。（白）黨人佔高山，陣形四縱橫，衝鋒來殺上，炮隊用機關（機關槍介）（炮聲介）（首板）俺曹子珊，打敗了，神魂不定，神魂不定!（的的快慢板）估唔到個的革命黨人，如此神速，殺得我膽震心驚。俺今日，一場血戰，失卻了府城、重慶。只可憐，十萬雄兵，人强馬壯苦練精。卻被蔡松坡個的炮隊確準繩。一炮打來眞攞命，個的手榴彈與共水機關，勢如破竹，好彩我立刻鬆人，只可嘆（仿雁落平沙）可嘆衆軍喪黃泉，喪黃泉，令我凄涼，好不叫人淚兩行呀呀啲、哎吔忽聽馬鈴聲，戰鼓鬧嘈嘈唉啲。把我追趕，把我追趕，追趕到我失卻了三魂。如今敵已包圍，不知如何路奔。（滾花）卻要化裝逃難，可以瞞過黨人。

此曲並不是好曲，文字也不見得通順，不過此曲是將喇叭聲，大炮聲、機關槍聲首次搬上粵曲來。因屬別開生面，效果甚佳，是以大受聽衆歡迎。中間一段“炮聲介”、“機關槍聲介”，是代表兩軍血戰時的場面。在傳統粵曲上，凡兩軍打仗的場合，均用鑼、鈸、鼓合奏，表示兩位將軍打鬥。這曲的一段，仍用鑼、鼓、鈸表示交戰。

盧庚是當時香港專門撰作時事粵曲的玩家。南華會正式命名爲南華體育會之後，中樂部更加多會員參加，他所寫的時事粵曲便不愁無演唱場地。由於他的時事粵曲具有特色，其中有幾首時事粵曲曾爲唱片公司灌成唱片。上述的《蔡鍔大敗曹錕》一曲，亦灌過唱片的。

1925年3月12日，孫中山先生病逝於北京，全國震驚並爲之哀悼，香港各界亦舉行盛大的追悼會。盧庚當時，亦寫了一首《追悼孫總統》這首粵曲，此曲也曾灌過唱片。

可惜找不到這曲的唱片，不知道怎樣唱法。因爲曲詞上有“仿古調昭君怨”字樣，顯然是照古調昭君怨的譜子塡上曲詞的。古調昭君怨當然不是現時流行的《昭君怨》。盧庚這首追悼孫中山的粵曲，很像一篇祭文，曲中最後一段寫得較爲親切，現錄出最後一段於後:

> 驚聞噩耗，使我斷腸，珠淚兩行，從此民艱，何堪設想。前路茫茫，遍地虎狠，中山先生，忍令民生塗炭，不平等條約未解放，何以身亡。三民主義，五權憲法可行，期望我等貫徹光明主張。自古皆有死，國魂永不滅，繼續進行，我們悲極。開追悼會，紀念功勛。孫先生，嗚呼哀哉! 凡有血氣

總斷腸。切記先生臨終遺囑，勿忘勿忘。主義益昌，英靈鑒在上，英靈鑒在上，尚饗。

這支曲在灌錄唱片時，並不是由盧庚主唱的。因盧庚唱的是大喉，大喉若唱得哀傷時，則會變成唱楚霸王烏江自刎的樣子，殊不適合。故唱片公司請他的徒弟邵國雄小姐主唱。

在孫中山先生逝世的消息傳到香港時，香港很多人都十分傷心。到全港開追悼會那天，大多數歌壇和戲院，都停止營業一天，以示追悼。是以當歌壇復開之後，盧庚寫這一首《追悼孫總統》粵曲，並在歌壇上唱出，也作爲粵曲界對孫中山逝世誌哀的一種表現。

1927年，國民革命軍北伐，已攻至山東省。當時日軍竟然出兵，以保護日僑爲名，佔領山東，並阻止革命軍入山東。1928年，北伐的國民革命軍已克復濟南，國民政府要求日軍撤出山東。不料日軍不但不撤，反於5月3日，炮轟濟南城，並攻入交涉公署，將交涉專員蔡公時施以酷刑，割去雙耳又復挖去雙眼，最後將他殺死。同時遇害的官員凡二十餘人，當時稱爲"濟南慘案"。日本報紙則稱爲"濟南事件"。

筆者談及這一件歷史慘案，是因爲當時香港粵曲玩家盧庚，亦爲"濟南慘案"而寫了一首粵曲，痛斥日本的野蠻行徑。他所寫的粵曲，曲名《濟南慘案之激憤陳情》，這首曲由他用大喉唱出。

當時香港很多社團都有音樂部之設，例如同鄉會、商會、職工會等，都有粵曲練習，晚上由業餘樂手和粵曲學員在會內練習。這些業餘音樂團體的組織者，很多都是盧庚的老朋友，亦有些是他的學生。盧庚每晚到這些團體去唱《濟南慘案之激憤陳情》，令到不少平時不讀報的人，也知道濟南慘案中日本的暴行。很多歌壇亦請他來唱這一曲。在盧庚衆多時事粵曲中，這首“濟南慘案”是唱得最紅的。當時位於皇后大道中三十六號的新樂風唱片公司，不惜工本用兩隻大碟灌錄唱片。在當時唱片市場來說，通常一張唱片錄一首歌容易推銷，兩張唱片錄一首歌，除非是著名紅伶及名曲才易推銷。

但是唱片公司亦有生意眼，結果這支濟南慘案粵曲唱片，銷往四鄉和金山非常多。原來唱片公司認爲，很多不識字的人，聽盧庚唱片等於聽時事廣播。

現把盧庚的《濟南慘案之激憤陳情》曲詞錄後:

（一流）五三日，慘不忍聞，諸君記否革命軍與共來魯民，（白: 眞係慘咯）弄得遍地血流，膠濟路白骨珊珊，血斑斑，槍林彈雨好交關。（白: 聞者傷心，見者流淚咯），無限含寃屍首濟南城，不堪聽，日兵慘殺把我民凌，大炮隆隆來佔城（確係惡凸）積滿骷髏，最慘是署內諸同志與共蔡公時，挖了雙目，還要割耳。（白: 唉，眞係慘無人道咯）（轉滾花）信得過聞者都要淚流。（演說）諸君諸君，我想倭奴佢野心勃勃，虎視眈眈，曾經奪我琉球，併我南滿，又佔高麗，霸我青島，今見我革命軍，進展山東，不日直搗幽燕，於他蒙滿利權有礙，名則出兵保僑，實則阻我國軍，其中奸險毒謀，數不勝數。故特意挑撥我民衆，觸怒我軍人，百般挑釁，必使墮其計中，你睇强佔我濟南，焚燒交涉署，炮轟無綫電台，將我蔡君公時，挖目割耳，慘無人道，爲萬國公理所不許。尚要挾我賠款道歉，諸多無理要求，此是爲侮辱我國之鐵證。

望我國民，羣起奮鬥，爲政府後盾，與他經濟絕交。抵制劣貨，振興土貨，憑中央命令，與他嚴行交涉，莫作虎頭蛇尾之態，洗劫五分鐘熱度之譏。民國幸甚，鄙人幸甚！

（轉二王慢板）自古云，國家興亡，匹夫有責，諸君你地可曾記否，倭奴將我地凌迫，令我刺痛心頭。佢嘶慘殺殘暴行爲，諒必諸君你地知透，如今譜記上嚟，惹起我地大家同嬲……（中板南音）願我軍民須奮鬥，不達賠償損失誓不罷休。經濟絕交須耐守，劣貨拒絕切莫鎖流。奉勸農工商學友，大家堅持到底，（二王）都要把國難記心頭。我講盡千言全非虛謬。盡我國民責任，與諸君討論籌謀。（滾花）望諸公，策力羣心都要把國家挽救。此案情況定必傳播環球。

粵曲中有演說，這尚屬首次。

永安公司鞋部職員任璧珊

早期香港粵曲玩家甚多，除盧庚外，還有一位任璧珊。任璧珊是廣東花縣人，原在廣州高第街一鞋店當售貨員。高第街在民國初年是一條鞋店集中的街道，街尾有鞋業工商總會，他在會內學唱粵曲和玩樂器。由於工商總會是一個資方和勞方合組的團體，也有不少老闆喜愛粵曲粵樂，該會的老師是一位粵劇老演員，是由資方出錢聘請的，因此會內也常演折子戲。當年的旦角，都是由男人飾演的，高第街鞋店有很多學唱花旦的職員，參加演唱和演出，不過任璧珊並不是演花旦，而是演小武。

1918年香港永安公司發展鞋部，物色一位對鞋業有經驗的人主持，有股東介紹任璧珊來港擔任此職務，於是他來港擔任永安公司鞋部主任，負責訂貨和銷售事宜。當時香港男女鞋都是中國鞋最暢銷。廣州工錢平，手工好，故由任璧珊負責訂貨。至於西鞋，則在永安公司設一製作部，由他聘請製鞋工人，仿照歐美流行款式製造，鞋部的業務頗爲發達。

由於任璧珊會唱粵曲又會玩樂器，永安公司有數百職員，當中有不少亦對粵曲有興趣的，於是由他組織音樂部。這個音樂部的名稱，係一個戲班的班牌，叫做“永安樂”，意爲永安公司音樂部的簡稱，也和當時省港名班的“環球樂”的班牌相似。任璧珊在高第街時曾隨工商總會的師傅學過演粵劇，他也在“永安樂”中教工友演粵劇，初時只屬娛樂自己性質。

其後先施公司天台闢作遊樂場，天台遊樂場內開作歌壇。永安公司倣效，亦闢天台歌壇，於是天台歌壇的樂隊便由“永安樂”的成員擔任，其他成員亦有機會客串演唱粵曲。任璧珊自己亦登台演唱，他唱的粵曲都是別人的粵曲，自己並無作品。只因他能唱小武的大喉，又能唱小生的平喉，也會唱花旦的子喉，故可唱的歌甚多，但並無什麼名曲可作代表作。

1924年夏天，廣東省東江、西江、北江多條防洪堤壩被洪水冲毁，造成嚴重的水災。當時香港各界，捐款救濟三江水災，先由東華醫院的救災基金項下，撥款買來救濟品運往廣州各縣救濟災民，這次香港政府亦撥款五萬元賑災。永安公司的大股東旣爲東華醫院準備籌款，遇到這一次緊急救濟三江水災，於是要求任璧珊趕快排戲，爲醫院及救濟水災災民籌款。

原來，任璧珊於年初已和職工排演一套新粵劇《雪裏恩仇》，預算在年底上演，爲東華醫院籌款的。如今因三江水災緊急救濟，便加緊排練。當時，太平戲院的東主源杏翹已答應報效八日八夜的院租，給永安公司演戲籌款，檔期是7月27日至8月3日，因此任璧珊主持的"永安樂"中樂部便正式演出《雪裏恩仇》。

《雪裏恩仇》的劇情是很簡單的，大意是講一位文武全才的書生，上京考試，途中見山賊强搶一民間少女，仗義相救，將山賊打走，救出女子。由於已經天黑，無法送她回家，只得在荒山度宿。是夜風雪很大，他又爲了避嫌，脫下身上的皮裘給她取暖，自己寧可避到遠處，生火取暖。到第二天才送她回家。由於一夜受風寒而生病，病中他希望那少女來侍奉湯藥，誰知來的是家中的老媼，他向老媼表白愛此少女。後來病好即上京考試。那少女的母親不知女兒也愛上了那救命恩人，要爲女兒許配一有錢人家，原來那山賊發了洋財，改名換姓，遣媒來說親，母親心動，許配了他。老媼告訴她那救命恩人愛小姐，小姐又愛那人，不應許配給別人。母親遂要求退婚，山賊不肯，告到官裏去，山賊賄賂縣官，强迫履行婚約，正當這時，書生中狀元回來，發現騙婚的是山賊，於是繩之於法，與小姐成親，大團圓結局。

當時本港粵劇仍然是禁止男女同班演出的。永安公司雖有女職員，但並未參加演出。

永安公司的中樂部"永安樂"演出《雪裏恩仇》粵劇，一連八天，共籌得善款四萬多元，即平均每晚籌得五千元。在當時來說，是最佳成績。一般演粵劇籌款，每晚只籌得二千多元而已，原因是粵劇的雜費太多。例如衣箱、雜箱、棚面音樂、拉扯、梅香之類的小演員，他們是靠低微的收入維持生活的，不能不作雜費開支，故收入五千元，扣除雜費，實得亦只是二千多元。“永安樂”由於所有工作人員，都是永安公司的員工，棚面音樂也是自己職工擔任，無須支出雜費，演出時的兩餐飯餐及散場後的宵夜費用，則全由東主支付，是以收入多少，都全部捐作善款，故有如此好成績。

《雪裏恩仇》義演之後，戲中的主題曲《病憶》，成爲任壁珊的名曲，很多歌伶都在歌壇上演唱。在1924年尾至1925年初，極爲流行。這首主題曲是劇中人張國文救美染風寒病而唱，曲詞是平平無奇的，只因是義演的唱曲，評曲人也不敢過於評述，此曲開頭一段云：

> （梆子滾花）我爲救佳人，用力太過，精神困乏，病起沉疴，二豎爲災，卻令我春山橫鎖。枕蓆纏綿，係惡遭病魔。（中慢板）皆因爲前個幾日在於芳園，經過。偶遇着强徒賊追逐嬌娥。（慢板）因此上，奮雄心，把佳人救助。我見她，唇紅齒白，眞正面泛梨渦。恨奸賊，煮鶴焚琴，使佢流離失所。在疏林，箇個朦朧月，使我無地，張羅。實可憐，她淚如雨珠，嗰個喉嚨喊破。苦裏憐送她回府第，避嫌無地，夜宿山坡。惹起了我憐香性，捱盡了寒風苦楚，昨夜裏，消愁緒，爲有倚劍長歌。

這首主題曲《病憶》很長，在歌壇上唱四十分鐘，因曲詞沒有特別之處，不便浪費篇幅，是以不將曲詞全錄。還有一齣粵劇名《鳳鸞釵》，也曾義演籌款，但不及《雪裏恩仇》，故不詳述。

呂文成對粵曲歌壇影響深遠

呂文成子喉溫柔哀怨

香港早期的粵曲玩家，呂文成是不能忽略的一位。很多研究粵劇史的朋友，因重點在粵劇方面，故以爲粵劇的棚面音樂採用西洋樂器，是由薛覺先開始的。其實在薛覺先之前，粵曲歌壇早已用西洋樂器配器拍和，只因領導這一潮流的地方不在香港而在上海，故爲人忽略。提倡用西洋樂器伴奏粵曲的當然是玩家，因爲玩家的目的不在賺錢，沒有壓力，喜歡用什麼樂器配合伴奏就用什麼樂器，甚至喜歡改良樂器便隨意改良。呂文成便是改良樂器的先驅。

呂文成是廣東人，父親在上海經商，他亦在上海讀書。當年上海虹口一帶，都是廣東人聚居的地區，該區有廣東茶樓、涼茶舖、廣東食品店。因此虹口的廣東式茶樓，於二十年代亦設有歌壇，香港的歌伶和歌姬，也有到上海演唱的。每年亦有粵劇戲班到上海演出，因廣東人多，商人亦多。上海的四大公司的東主旣是廣東人，職工亦是廣東人，可以維持粵劇演出。

精武體育會是在上海創立的，這個體育會除了由武師教國術之外，並有其他康樂活動，如棋藝、球賽、音樂等。呂文成就是上海精武體育會音樂部的主要負責人，因他自幼即好唱粵曲和玩鋼琴，對中西音樂都有興趣。

故精武體育會成立音樂部之時，就請呂文成主持。

當時上海精武體育會除呂文成外，還有幾位主要的玩家，如高毓彭、錢廣仁、司徒夢岩等。錢廣仁當時是教唱平喉的，呂文成則是教唱子喉的。呂文成唱的子喉，聲嬌而圓潤。精武體育會開音樂會時，呂文成照例唱子喉，其中《小青吊影》和《燕子樓》是他最佳的傑作。當時上海有兩間唱片公司，一間名“大中華”，一間名“中國”，兩間唱片公司將呂文成用子喉唱的粵曲製成唱片，運來香港推銷，香港人聽到唱片，才知道上海有一位名家呂文成。

最令粵曲愛好者大爲驚奇的是，呂文成在上海灌錄的《小青吊影》唱片運到香港和廣州出售時，因爲唱片上的子喉，既溫柔又哀怨，便懷疑呂文成是一位女性。《小青吊影》原來是一首古粵曲，極難唱得動人，當年很多失明女藝人，都不敢唱這首曲，主要是不容易唱得

呂文成肖像

呂文成在上海灌錄的《小青吊影》之戲考

好，害怕聽衆不滿意而不肯付錢。而呂文成把這曲唱得出神入化，因此這套唱片極爲暢銷。

《小青吊影》全套共三張唱片，要唱六面才能唱完。二十年代初全套售四元五角，是極爲昂貴的，但仍然暢銷。可見呂文成唱子喉頗有特點。他的唱片流行起來之後，很多唱子喉的歌伶也跟着他的唱法來唱。

考《小青吊影》是光緒年間著名粵劇花旦鮮花法的首本戲主題曲。鮮花法是丁財貴班的著名花旦。在十九世紀能寫出這樣意境的戲曲，實在是不可多得。因爲《小青吊影》全曲是撰寫一位女子，在江邊看到自己倒映於江水上的倒影，禁不住起憑吊之心，嘆自己的身世凄涼。在投江自盡之前，憑吊自己的水中倒影，這種“吊影”的意境，在當年西洋文學作品中尚少見，只有希臘羅馬神話中，才有水仙花神因看見自己的水中倒影而投水自殺的。

《小青吊影》全套戲曲內容，是叙述書生武英，愛上青樓妓女小青，爲小青贖身，帶回家中作妾。武英的元配王氏，極爲陰毒，等武英上京考試時，對小青諸多凌辱，小青受不住王氏的凌辱，只得投江自盡，幸遇一尼姑救起，把她收在尼庵之內。一天，小青在江邊洗衣，看見自己的水中倒影，不禁對影自言自語。主題曲就是在這時唱出的，故名小青吊影。這時，恰有一位縣官微服出遊，遇見小青，問明一切後，勸她暫且忍耐，因爲京城放榜，聽說今科狀元是武英。後來武英衣錦還鄉，縣官將王氏虐待小青的事告訴他，他懲罰王氏，與小青復合。

《小青吊影》的曲詞失傳已久，但因曲詞甚長，全部錄出是不可能的，今只將《吊影》的一段錄出於後:

> （單蜆殼）又只見，滿目鮮花，千紅萬紫襯着一曲綠水漣漪。晚臨流，見影婷婷在於波心，獨立。好一似，含情欲語，不異出水，芙蕖。莫不是，月裏嫦娥，魂銷此處。莫不是，來了一個洛水神仙，名喚，宓妃。細凝眸，楊柳波，靜觀，子細。原來是，薄命小青，淪落、汚地。見形體，眞箇是今非，昔比。問小青，原何故，嬌嬈體態，變作弱不，勝衣。

這段曲詞用“單蜆殼”唱法，是近於淸唱，到押韻的一段才配樂伴奏。同時，這曲是唱中州音而不是唱廣州音的，因此押韻是用舞台官話押韻。呂文成是用古曲唱法唱出來的。

曲詞並非一般顧影自憐的結構，曲中寫小青看見自己的水中倒影，用比擬的方法，寫出她原是美得似嫦娥，也似洛水神仙，但經過這許多波折，如今已變得憔悴。由於此曲意境頗新，在光緒至宣統年間頗受聽眾歡迎。與另兩首古曲《夜吊秋喜》和《客途秋恨》齊名。

《夜吊秋喜》和《客途秋恨》是屬於南音的歌曲。《小青吊影》則是梆黃歌曲，是不同系統的古曲。另有一首梆黃古曲名《燕子樓》，也是由呂文成用子喉唱的，同樣是在上海灌唱片發行到香港來的。香港人認識呂文成的名字，是從唱片上認識的，主要是聽過《小青吊影》之後再聽《燕子樓》，覺得他曲藝甚佳，留下深刻的印象。

《燕子樓》也是用子喉唱的，灌錄的唱片也是三張，和《小青吊影》一樣售四元五角一套。在當時雖屬昂貴，但也很暢銷。《燕子樓》是一齣古劇，寫的是唐朝歌妓關盼盼的故事。在明代南戲中已有《關盼盼與燕子樓》劇本，但粵劇與南劇不同。

燕子樓的本事，源於白居易諷關盼盼的故事。事緣唐朝名妓關盼盼，嫁與張尚書作妾。張尚書死後，關盼盼獨居張尚書的故室燕子樓中，十餘年不下樓。白居易過燕子樓，吟詩諷關盼盼既愛張尚書，何不殉節，獨居燕子樓上做什麼? 關盼盼以詩和之，大意是說，自己早萌殉節之念，但是爲了保存張尚書的名節，是以不死。因爲她若在張尚書死時殉情，世人會誤會張尚書好色，雖死亦遺命要愛妾殉死，所以她獨守燕子樓十多年。如今既已明志，可以死了。於是絕食而死。這是燕子樓的故事。元曲有《關盼盼春風燕子樓》一折，明人將元曲改編爲南劇，全本演出。粵劇於清末依南戲改編爲《燕子樓》，劇情又改動很多，改得更加戲劇化，高潮迭起，故事如下：

關盼盼原爲關員外之女，因兵災而逃難，父母雙亡，盼盼遂流落青樓爲歌妓。俠士胡忠，於青樓中結識盼盼，知她是有正義感的歌妓，因懷疑張尚書爲奸相，於是以千金爲盼盼贖身，贈與張尚書作妾，叫她搜集奸相的證據，以便爲民除害。後來盼盼告訴他張尚書忠心耿耿，爲國事操勞，是一賢臣。胡忠於是自行拔劍斷臂表示悔過，並願爲張尚書下屬。後張尚書出巡，久無音訊，傳已被害。盼盼與胡忠在燕子樓前發誓，盼盼永不下燕子樓，胡忠永不登燕子樓，以免外人思疑二人舊情復發。

一日，詩人白居易經過燕子樓，知關盼盼居樓不出的原因，題詩贈關盼盼，關盼盼下樓以詩和之。胡忠責她不應下樓，盼盼於是在燕子樓上跳樓自殺而死，時張尚書回，見盼盼死而大慟。粵劇《燕子樓》的編劇人，相傳爲龐一鳳。大概是千里駒演過《燕子樓》而千里駒很多戲是由龐一鳳編劇的，故認爲是龐一鳳所改編。但在千里駒之前，蛇王蘇曾演過《燕子樓》，因此亦有人認爲《燕子樓》是蛇王蘇改編的。

呂文成唱的《燕子樓》，也是用舞台官話，是屬於古腔粵曲的唱法。他唱得比千里駒還好，是以粵曲唱片的《燕子樓》只有呂文成唱的，而無千里駒唱的。據說當年有唱片公司請千里駒唱《燕子樓》灌唱片，千里駒自認不及呂文成，謙辭不肯錄唱片。

《燕子樓》的曲詞是衆多粤曲中文藝氣質極高的一首，它比宋詞不遑多讓。錄出頭一段於後:

（中板）烏衣巷口斜陽晚，朱雀橋邊野草寒，逝水長流徒望返，落花無主暗摧殘。睹物思人情暗淡，忍不住飄飄紅淚濕羅衫。常言道薄命紅顏慣，妾不是紅顏命也難。昔日繁華轉眼風流雲散。則憐長夜夢魂翻。隻影形單，留下寂寥闗盼盼。又只見燕歸如舊，鶴去無還。（慢板）張尚書，虧煞儂愁緒千萬。二十年同一夢，回首何堪。往日裏與使君，在此樓同敲檀板。羅綺中教成歌舞，眞果是衆仙同日詠霓裳。（中板）絲蔦羅附松柏，願與衾枕同燦爛。樂管弦，辭組綬，勝於節度寄屏藩。雖然是春風桃李花開放，又道是秋雨梧桐落葉寒。嘆人生功名富貴如泡幻。自古道離合悲歡理循環。……

即使不會唱粤曲，看了上面的曲詞，亦覺得可以把曲詞作唐詩宋詞來朗誦。曲中的詞句，押韻嚴謹，字字珠璣。在近人的粤曲中，實難找到可與比擬。呂文成這張唱片運到港粤兩地出售，極爲暢銷，因此歌伶和普通人，都跟着唱片來學唱。當年的涼茶舖，差不多間間每晚都以播放呂文成之《燕子樓》招徠顧客。下層社會的低收入者，不能到歌壇去消費，便到涼茶舖聽唱片。當年一個銅仙一碗涼茶，飲兩碗涼茶即可聽多首粤曲唱片，所費不過兩個銅仙而已。對於推廣粤曲，涼茶舖是功不可沒的。二十年代全港約有三十多家有唱片播出的涼茶舖。

《燕子樓》的曲詞如此雅麗，照理可以一直傳唱至今，爲什麼在二十年代傳唱多年之後，就沒有人再唱呢？考其原因，是和一件同性戀案有關的。這也是粵曲粵樂早期的一件有趣的掌故。在通過同性戀非刑事罪行的今日，也應談談這件掌故。

約在1929年期間，本港警方接獲綫人的報告，說有多名男子在中區的客棧地區賣淫，這些賣淫的男子，油頭粉面，行動近於女性化，專門向同性戀者勾搭，到附近的旅館裏開房。因此派出便衣偵探在海旁一帶的旅店區去偵查，終於查獲一名男子，向一名上年紀的伯父兜搭，伯父便和他到其中一間客棧去開房。警方於是等他們進房之後，突然破門突擊搜查。警方以爲他們這一次"捉姦在床"，應該是無所遁形的。可是他們雖然同臥床上，卻仍未脫去內衣，但警方認爲已有足夠證據。

由於同性戀屬刑事罪，那位伯父怎樣也不肯認罪，他說和這名男子到客棧來開房，是希望他教他唱粵曲，控方問他爲什麼教唱粵曲要脫去外衣褲，而且同臥床上。伯父說天氣太熱，而且大家都是男人，沒有所謂，臥在床上教唱歌，可免聲浪影響鄰房。於是關鍵在於那名"男色"是否會唱粵曲，法官問他，他說當然會唱，法官便叫他唱一支曲來聽聽，以證明他是來教伯父唱粵曲的。於是他開腔唱道："烏衣巷口斜陽晚，朱雀橋邊野草寒，逝水長流徒望返，落花無主暗摧殘。睹物思人情黯淡，忍不住飄飄江淚濕羅衫。……"他唱的是子喉，而且配合他那女性化的動作，聽審的人聽得鴉雀無聲。結果法官判兩人無罪釋放。

這段新聞刊出於報章上，自此之後便沒有人再唱《燕子樓》了，因爲被告唱的正是《燕子樓》。故人人都說，這支曲是“契弟”唱的。

呂文成對廣東音樂的貢獻

呂文成在上海以玩家的身份推廣粵曲粵樂，除在精武體育會音樂部主持之外，又在中華會館內主持音樂部。他在這幾年中，自己創作了多首廣東音樂之外，並將多首古老的廣東音樂重新編成樂曲，也灌錄唱片，通稱“廣東音樂”，在當時上海，極爲流行。

查全國各省各地的戲曲中，沒有任何一種地方戲曲能獨立編成純音樂曲譜的。只有廣東的戲曲中有若干梆子，可編成純粵曲而獨立演奏。例如《將軍令》、《班師回朝》等梆子，都可整理成樂曲而演奏。呂文成既創作又編曲，再加上演奏，而自成一派，稱爲“廣東音樂”。當時上海唱片公司亦將這些“廣東音樂”錄成唱片，不僅行銷省港澳滬，甚至全國都有。

呂文成爲了演奏廣東音樂，將二胡的絃絲改動，二胡的兩條綫本來全屬絃綫，他將其中一條高音絃改爲鋼綫，於是將二胡的音階擴展爲三個八度。在粵曲粵樂的術語中，稱一個八度爲一盤綫，二胡未改良時只能玩兩盤綫，經呂文成改良則可玩三盤綫。因此他用二胡玩《鳥投林》時可拉出百鳥投林時鳥雀的尖鋭的叫聲。他將二胡改一絃一鋼綫的過程亦足一述。

原來當時傳來上海有一種鋼綫琴，呂文成常用鋼綫琴伴奏粵曲。他在玩鋼綫琴時，覺得鋼綫琴的鋼綫的高音部特別響亮，因此試將鋼綫琴的鋼綫改到二胡上，拉起來音量高而響。呂文成的廣東音樂比他的《小青吊影》和《燕子樓》更爲流行，原因是當時香港、上海、廣州、武漢等地已有廣播電台，廣播電台經常播放廣東音樂。其他非粵語流行地區的廣播電台，也不會播《燕子樓》和《小青吊影》，但會播廣東音樂，是以廣東音樂可以說流行全國。這些廣東音樂後來又影響粵曲和戲曲。

呂文成後來從上海來香港定居，他的來港，是有一段因緣的。

香港有一個慈善團體，名鐘聲慈善社，最初成立之時，是由六位香港樂善好施的商人發起的，後來獲得各界熱心人士支持，不斷捐款，將慈善事業擴大到各方面去。例如冬天派送寒衣給貧民、派米、贈醫、施藥、辦學等。同時也提倡康樂活動，提倡體育和音樂活動。鐘聲慈善社除了會員自動捐款之外，每年舉辦一次至二次籌款活動。該社的慈善籌款較爲特別，名爲“慈善遊藝大會”，有別於義演和義唱。因爲“遊藝”二字包括所有的演藝表演，旣可唱粵曲亦可唱歐西藝術歌曲；可演折子戲或話劇，亦可表演雜技和魔術。每次鐘聲慈善社的籌款遊藝大會，都極受歡迎，常常一連演出幾天。

1930年，鐘聲慈善社擴大籌款，準備辦多間義學。有人提議請呂文成來港演出，認爲若果請得他來，肯定極受歡迎。因爲呂文成的名字早已爲香港人認識，只是香港人完全未見過呂文成。當時鐘聲慈善社有多位幹事，曾到過上海和呂文成認識，並且經常撰曲寄到上海精武體育會音樂部，請呂文成修訂。這幾位幹事都是鐘聲慈善社音樂部的主要成員。一位名何柳堂，一位林粹甫，一位梁金堂。他們三位所撰的粵曲，呂文成亦請精武體育會音樂部的錢廣仁主唱，其後也在上海灌過唱片。

有一首著名的粵曲《周瑜歸天》，就是鐘聲慈善社的幹事何柳堂所撰的，這支曲由呂文成介紹錢廣仁用大喉唱出，在上海廣東人聚居地的歌壇，唱得十分流行，後來也錄了唱片。因此建議請呂文成來港爲鐘聲慈善社籌款，何柳堂、林粹甫和梁金堂便到上海去，請呂文成來港演出。

呂文成來港定居之後，一直以玩家身份在香港活動。由於他的演藝超凡，很多富人都請他教唱粵曲和教玩樂器，特別是教玩二胡。唱片公司亦拉攏他灌錄唱片。當時廣東音樂流行，他也在港作曲。從1930年起，他在香港創作的粵樂有幾十首之多。這些樂曲稱爲“譜子”，亦通稱“廣東音樂”。後來又稱“小曲”。

關於“譜子”一詞的來源，據呂文成當時解釋，粵曲是包括曲詞的，他創作的歌曲卻沒有曲詞，只有樂譜，爲免與粵曲一詞混淆，故稱純音樂的歌曲爲“譜子”，意即有譜無詞的粵曲。稱“廣東音樂”是由上海外省人叫開的，意思是指這些音樂是廣東特有的。“小曲”是後來粵劇編劇家和粵曲撰作人用這些“譜子”配詞而成，但只用一小段配詞，故名“小曲”。呂文成在香港創作的“譜子”甚多，據多位研究廣東音樂的學者說，到目前爲止，收集呂文成所作的“譜子”仍未收齊。照他們所收的“譜子”，計有《普天同慶》、《撲蝶》、《秋夜》、《談情》、《秋水芙蓉》、《飄飄紅》、《滾綉球》、《步步高》、

《東風第一枝》、《下山虎》、《青梅竹馬》、《雪花會》、《蜻蜓點水》、《風雲會》、《寒潭印月》、《白髮紅顏》、《雨打梨花》等等。

呂文成對粵曲粵樂的貢獻，在於鼓勵粵樂的音樂家創作廣東音樂。他以發起人的身份，不斷創作粵樂的樂曲，並且經常演奏，形成一股潮流。從1930年至1941年，在這十一年間，出現大批作曲家創作粵樂粵曲，例如尹自重、何興年、陳文達、盧家熾、林浩然、邵鐵鴻、何大傻、何少霞、丘鶴儔等。這批作曲家都是受呂文成影響而創作的。由於有大批作曲家創作"廣東音樂"，也改變了粵劇編劇的面貌，故自1931年開始，粵曲中已在梆黃之間，加插小曲。

呂文成另一貢獻，是將西洋樂器運用於粵曲伴奏方面。他認爲中國傳統民族樂器，最弱的一環是低音部分的樂器。這是由於以前演出的地點多爲空曠的地方，因此唱戲的要唱得高亢，故樂器亦以高音響亮才能配合高亢的唱腔，於是沒有注意到低音樂器的研究。在整套民族樂器中，不限於粵劇，皆甚少低音樂器。他發現西洋樂器中，低音的色士風比中樂中的低音喉管音量大而柔和。又發現夏威夷結他的低音部是中國各種民族樂器所無的，於是他嘗試用這兩種樂器伴奏粵曲。

當時有位何浪萍吹奏色士風，何大傻奏夏威夷結他，他請這兩位加入他領導的音樂社內共同玩粵曲。但是，他覺得夏威夷結他的音量仍然很弱。這個問題一直至1931年米高峯和揚聲器系統傳入中國後才獲得解決。

1931年8月，美國幾間電子公司在上海開了一次無綫電博覽會，這是歷史上首次將無綫電廣播設備、有聲電影和音響器材介紹進中國來。當時本港戲院商、洋行東主、大舞廳的東主都被邀請前往上海參觀，呂文成亦應邀往上海參觀。這次無綫電博覽會對中國唱片業、電影事業、戲劇和音樂事業進入現代化起了直接促進作用。因爲展出的無綫電設備，包括錄音、擴音、拍攝有聲電影的原理都有全面介紹。其中最吸引呂文成的是米高峯和擴音系統的設備，其中一位錢廣仁購了一套錄音和擴音設備來港。錢廣仁就是在上海精武會音樂部常和呂文成合作的好友，他的綽號就是錢大叔。錢廣仁帶了這套設備來港開設唱片公司，並首次替呂文成將粵曲使用無綫電擴音器播出，因而也間接地改變了粵曲演唱的制度。

有不少朋友不知道歌壇上的歌伶從坐着唱歌轉變爲站着唱歌的原因正是由於使用米高峯的緣故。早期的米高峯是長柱形的，只能立於地上，歌伶爲了遷就這個米高峯，便要站在米高峯之前歌唱。如果仍然坐在茶几旁邊的椅子上唱，歌聲不能擴大。

據說最初使用米高峯和擴音設備的歌壇是高陞歌壇。呂文成當時應高陞茶樓的東主高可亭邀請，爲高陞歌壇表演他的廣東音樂。高可亭是澳門的富商，從1927年開始在香港大量投資，在香港經營飲食業、當押業和地產。高陞茶樓是當時新建的建築物，當時歌壇流行，幾乎凡的茶樓都設歌壇，高陞茶樓自然不會放棄，爲了增加號召力，是以請呂文成演出。

除了用米高峯的擴音設備外，呂文成爲了一新觀衆耳目，他還邀請當時在中華舞廳打爵士鼓的程岳威把爵士鼓搬到歌壇上來，在高陞茶樓歌壇上演奏他的廣東音樂。

當時的陣容是: 何大傻奏夏威夷結他，何浪萍吹昔士風，呂文成打木琴，程岳威打爵士鼓。第一首演奏的"譜子"就是呂文成所作的《普天同慶》。這一隊四人組合，後來就長期合作，被稱爲"四大天王"，並經常被聘請演出。

1935年6月30日香港全面禁娼，石塘咀的妓院全面停業。在此之前，本港已開設很多舞廳，程岳威是舞廳的鼓手，因此這一個"四大天王"的組合也經常在大舞廳的音樂台上演出。在舞廳上演奏廣東音樂的意義，是用事實證明廣東音樂是可以跳舞的，同時也用事實證明，粵曲也可以跳舞。而將粵樂粵曲帶進舞廳去的，便是"四大天王"。

梁以忠張瓊仙夫妻對唱

在早期粵曲玩家當中，梁以忠也是一位重要的人物，梁以忠和呂文成有些近似，因爲他們都不在香港成名，成名之後，才來香港定居，在香港發揮他的音樂才華。在二十年代初，差不多與呂文成同一時代，梁以忠已是廣州文鏡音樂社的主要成員。

文鏡音樂社是廣州兩大玩家音樂社之一，另一玩家音樂社稱爲濟隆音樂社。濟隆音樂社在河南，濟隆是著名糖薑廠的名字，老闆姓宋，宋老闆是一位粵曲發燒友，他每晚邀請河南方面著名的玩家在濟隆糖薑廠內玩音樂和唱粵曲。先招待吃晚飯，玩至夜深又特備精美的宵夜招待。因爲玩家集中在濟隆糖薑廠，故名濟隆音樂社。至於文鏡音樂社，則在十八甫，文鏡是一家攝影室的名字，老闆姓麥，麥老闆也是粵曲發燒友，召集西關一帶的粵曲玩家到影樓來玩粵曲粵樂。

在這裏應該談談早期廣州的業餘音樂社的情形。在二十年代初期，西關很多富戶的少爺們都已接受現代教育，他們比前一代進步，不願沉迷於鴉片和妓院，喜歡接觸新事物。音樂能怡情治性，他們也在西關大屋內，聚集一羣西關少爺們玩音樂，有玩西洋樂器的，有玩傳統樂器的。其中楊地三少爺、羅地大少爺，都在家中成立音樂社，都以自己的大屋命名，但亦有另起音樂社名稱的。例如“祥呂餘音”，小薔薇音樂社，都是西關少爺們組成的。

除了富有的西關少爺和富有的商人如宋老闆和麥老闆等組成的音樂社之外，還有工會和社團的音樂部，另外有些教師也組成音樂社。因此廣州當時有很多著名的玩家，如吳少庭、羅寶先、羅寶瑩、陳伯勵、盧家熾、邵鐵鴻、彭鐵如、王允升等。這許多玩家，對粵曲粵樂都有貢獻，但若論早期玩家影響力之大，則以梁以忠爲第一人。以能玩多種樂器著名，同時以能唱子喉、平喉、大喉見稱。

梁以忠在粵曲界可以說得上是萬能泰斗。在樂器方面，任何一種樂器他都玩得水準極高。琴絃方面，無論是拉的還是彈的、撥的，無一不能，他既會拉二胡也能彈琵琶。三絃、古箏等無所不精。管樂方面，既能吹喉管也能吹簫，幾種哨吶亦都精通。至於敲擊樂方面，鑼鼓鈸等也有獨到之處，掌板更加是好手。當時廣州很多商人都拜他爲師。

至於唱曲方面，他能唱子喉，唱腔嬌而清爽，唱大喉則威風凜凜。唱平喉更加多花樣。能文能武之外，還能唱得詼諧百出。因此有很多西關少爺請他教唱粵曲。他可以說是桃李滿門，他的學生非富則貴，每人每月送給師傅的茶錢已經足夠生活而有餘。

廣州方便醫院每年辦的慈善籌款大會，照例請他籌備，因爲他的學生全是商人或富家子，他們都有表演慾，人人都慷慨捐款爭取登台伴奏及唱歌。每次籌款大會都能籌得巨款。

總之，梁以忠是廣州最著名的粵曲玩家。由於廣州與香港交通方便，而且省港兩地商家互相來往及投資的，因此梁以忠也常常應邀來港表演，也曾爲多次賑災籌款及爲東華醫院籌款而演出。在二十年代初，他是和呂文成齊名的。

如果要作一比較，呂文成的作風屬於新派，他不斷將西洋樂器運用於粵曲上，梁以忠則較偏重於傳統，要求將傳統樂器盡量玩得多樣化，表明傳統樂器並不遜色於西洋樂器。呂文成創作"譜子"較多，梁以忠甚少。但唱腔方面，梁以忠則勝於呂文成。呂文成不會唱大喉，不會唱諧曲，梁以忠能唱生、旦、淨、丑。因此，呂文成的學生多能玩樂器而少唱曲，梁以忠的學生，吹彈打唱四門都有，發展很平均。張瓊仙可以說是梁以忠最成功的學生之一。

張瓊仙原名張玉京，藝名是將玉京二字合成瓊字，而稱張瓊仙。因她喜歡唱粵曲，家境並不貧寒，是個小康之家，是以她受過多年塾師教育，古文和詩詞也能通順。她隨梁以忠學粵曲，也學玩樂器，是當年文鏡音樂社主要女社員之一，是以筆者不將張瓊仙列入歌伶之列，而視之爲玩家之一。雖然她後來也走紅於歌壇，成爲紅歌伶之一。

張瓊仙在未向歌壇發展時，只有廣州的業餘玩家認識她的歌喉脫俗，香港的歌迷還未認識。她的名字爲香港歌迷認識，是1923年廣州各界爲響應孫中山先生號召慰勞革命軍人，在慰勞革命軍人的藝術大會上，張瓊仙登台唱一曲《情鵑罵玉》而成名，當時遊藝大會的音樂拍和是由梁以忠負責的。

首先應該說明一下，當時還未有擴音器傳入中國，在一個數千人的集會的會場內唱歌，最容易令到全場聽衆能聽到唱歌者的唱詞的，應該是大喉。大喉是將歌聲唱得響亮和高揚，所以當日飛影唱大喉獲得全場鼓掌，稱爲“大喉領袖”，其他平喉和子喉唱腔，因會場大而聲綫柔弱，音量不厚，很難令到全場聽衆聽到全部曲詞，特別是唱子喉的更加難。但張瓊仙唱《情鵑罵玉》，卻能令全場聽衆聽清楚曲詞的每一個字，因此次日廣州各報稱張瓊仙爲“子喉領袖”。

張瓊仙唱子喉雖然能唱得很大聲，但始終不及唱大喉的飛影的雄亮，她怎能令到每一位聽衆聽到全部歌詞呢？

原來張瓊仙預先將曲詞交給印刷局印製幾千張曲詞，到她將近登台時請人派給座上的革命軍人。每人手上有曲詞一張，於是她在唱《情鵑罵玉》的時候，坐在最後排的聽衆，雖然隱約聽到她的歌聲，因爲手上有曲詞，便依稀也聽到她所唱的每一個字，是以效果非常良好，被許爲最佳的子喉唱家。

張瓊仙唱《情鵑罵玉》能給數千人的音樂大會唱得人人聽得懂曲詞，完全是靠派曲詞造成的效果，因此聽粵曲看曲詞，可以說是由張瓊仙首創。後來粵曲歌壇印送曲詞，也是由於發現對着曲詞聽歌，效果較佳之故。

當時香港一些報紙也轉載廣州報紙的新聞，張瓊仙在音樂大會獲“子喉領袖”之銜頭的消息亦見於香港各報，是以張瓊仙的名字亦爲香港歌迷所認識。當時多間茶樓歌壇亦擬請張瓊仙來港演唱。

《情鵑罵玉》已成張瓊仙的“招牌歌”。這支曲的內容，是《紅樓夢》中的一段插曲，所謂“情鵑”，是指林黛玉的婢女紫鵑，“罵玉”即是罵賈寶玉。紫鵑因同情林黛玉，她認爲林黛玉是給賈寶玉害死的。她在瀟湘館內看見賈寶玉走來，罵他薄倖，罵他對不起林黛玉，全曲只由一人獨唱，因爲曲中的賈寶玉並沒有開腔，完全是紫鵑的聲音，作爲賈寶玉在她面前捱罵。全曲巧妙之處在此。

這首粵曲自1923年起，一直流行至1930年。1931年由於大量小曲出現，粵曲以加插小曲爲時尚，是以從前很多名曲被人忘記，原因是早期的名曲都是沒有小曲的，全是梆黃曲。《情鵑罵玉》因此亦不再唱了。正因如此，

張瓊仙肖像

這支粵曲的曲詞亦已失傳。尚幸筆者存有原曲，今引錄其中“罵玉”的一段於後:

（中板）紗窗外，來了怡紅公子，叩門忙。見他來，情更慘，輕移步，到窗檻，寶二爺，你因何幹，夜更深，冒風寒，到此西廂來探望?（轉慢滾花）何勞千金貴步，下盼呢個無主丫環。尊一聲，寶二爺，你何以在門前站，縱然有要事，請你明日再商量。你睇下夜靜更闌，須要早些回房來抖安，恐防寶二奶奶怪你情性刁蠻，你林妹妹在生，還任你瀟湘常來往，今日人亡事了，難怪奴把你阻攔……

張瓊仙自從在勞軍大會上唱出《情鵑罵玉》一舉成名之後，廣州的四大歌壇，都邀請她唱歌。由於她以玩家的身份出現，各歌壇不能用普通的酬金聘請她，因此在二十年代歌壇薪酬中，張瓊仙的薪酬是一項秘密，沒有人知道她每次唱曲酬勞若干。主要原因是，有些歌壇主人也是文鏡音樂社會員，有交情自然酬勞不計較，沒有交情的歌壇名人，則在輾轉託人介紹時，酬勞自然高很多。故當時傳說，她是衆歌伶中薪酬最高的一位。

張瓊仙另一首名曲，就是《秋娘恨》。這支粵曲，是粵劇《客途秋恨》中的主題曲，即在舞台上，由劇中人旦角麥秋娟所唱。《秋娘恨》的曲詞，筆者在上一章已介紹過，這裏不再引述。

張瓊仙有一位慈母，她也是出身書香門第，因此不把張瓊仙視作搖錢樹，常常教誨張瓊仙不要貪慕虛榮。瓊仙也很孝心。1926年出版的《歌聲艷影》雜誌第一期中，有一篇由著名撰曲人楊懺紅所寫的《瓊兒佳話》，對張瓊仙當年的情形，有如下的評述:

> 歌界明星瓊仙女士，秉性淡靜，寡言笑，曾入某女校讀書，深嫻文字。侍親至孝。母有憂怒，必多方慰解，或故爲憨笑，以博母歡。母有疾病，則侍湯奉藥，衣不解帶。以故母最鍾愛之。凡立身處世之道，家庭瑣屑之務，靡不時時訓廸。瓊兒間有錯失，則嚴律誡責，不稍寬假。瓊兒亦能悔過自新，未敢稍辯。瓊兒不特能孝親，尤能尊師敬長，善觀人意。凡有急難者，或求諸瓊兒，瓊兒無論識與不識，無不力助之。故瓊兒今日，得此妙技，享此盛譽，雖由其母教所致，然亦造化者以賜之也。

梁以忠由於能唱子喉、平喉、大喉和丑角的“雜喉”，是以他甚少和別人對答合唱，常常是一人主唱幾種不同的唱腔，唯一例外，就是只和瓊仙對答合唱。

梁以忠能唱子喉、平喉、大喉是人人都知道的，只是對於他能唱雜喉，則較少人知，因爲他後來甚少唱諧曲。戲班稱丑生爲“雜”，主要是丑生演戲時唱腔以惹笑爲主，在打科諢時有時會唱幾句子喉，有時也唱幾句大喉，總之只要能引起觀衆大笑，則什麼喉都可以唱，故稱丑生爲“雜”。梁以忠能唱諧曲，他的雜喉亦十分生鬼，因此也錄過一張諧曲唱片。這張唱片是將他唱得最流行的諧曲《歡喜禪》灌錄的，這支粵曲是諷刺當時廣州一些富有的人“參歡喜禪”的可惡行徑。

當時廣州有些尼姑庵開設在民居之內，以一間大屋作爲尼庵。主持的尼姑養了若干名年輕貌美的妙尼，教她們誦經和各種宗教上的禮儀。庵堂佈置得既莊嚴又華麗，尼姑的禪房和妓院的妓女閨房有幾分相似，只是沒有梳粧枱，而加設一座觀音像和一座檀香爐，點燃的是上好的檀香，於是禪房也就香噴噴了。廣州的闊佬們到陳塘的妓院去飲花酒飲得多，到這些尼庵來吃吃齋，聽聽妙尼唱梵音的歌曲，或聽她們誦經，也可以到妙尼的禪房去和妙尼談心，這種到尼姑庵去飲宴的情形，稱爲“開師姑廳”。師姑是尼姑的廣州話，“開師姑廳”即是把尼姑當作妓女一樣，把尼庵當作妓院。《歡喜禪》一曲，就是諷刺這種把尼庵當作妓院的社會現象。曲中有些名詞是現代人無法明白的，故此筆者先將社會背景說明，及解釋其中一些名詞的來源。

當時廣州俗語把到尼庵去玩尼姑的行爲稱爲“扒掘頭艇”。尼姑是佛門中人，她們以普渡衆生爲宗旨，房中的觀音像上也有“佛海慈航”等字句，即引渡世人從此岸到達彼岸。渡航是要艇的，艇的艇頭是尖的，而到這種尼庵去花天酒地的人，目的不在於從此岸到達彼岸的慈航，實際上是等於坐在掘頭的艇上，是扒不到彼岸的。故名“扒掘頭艇”。

梁以忠唱《歡喜禪》是一人唱兩把聲的，曲中的一位妙尼名叫眞傅，而另一位男角則是三少，他旣唱三少又唱眞傅。

《歡喜禪》的曲詞如下：

（滾花生喉）咪喇，咪喇，鄧華禧打齋，勿談經事，何不講求性學，轉入非非。但只願我佛有情，你都要超度吓我呢個色中餓鬼。遍灑楊枝甘露，都要大發慈悲。（旦喉）你的咁嘅行爲，眞冤氣。你若然唔信鏡，都要信下塊玻璃。你可知艇雖係掘頭，怕你扒唔起。好在你有度好（生問：好嘍頭呀？）好……（生：好心事呀？）好，好似個畫壞鍾馗。（生喉）你勿滿口胡言，將我亂誦。你喺三少面前，咪過亂噏口無爲。你睇我滿口金牙，試問吓邊個有我咁架勢。我係頭號靚仔，不過喺印度梗翻出嚟。

以上是《歡喜禪》上半段曲詞，由於曲詞開頭有“鄧華禧打齋”一句，故先要解釋。這句是二十年代廣州流行的俗語，是屬於歇後語，意爲“一於收壇”，即是叫曲中人的尼姑眞傅收壇，不可再誦佛經，講下想入非非的性學。

鄧華禧是清末民初廣州一名孤寒財主，他替亡母超度，在門外設一道壇打齋，由於孤寒成性，不肯在門外搭一醮棚。因爲搭一醮棚要三十多兩銀，他認爲可慳則慳，不肯搭棚。做法事的道士對他說，你如果不搭棚，只怕誦經法之時突然下雨怎樣辦？鄧華禧說，不會落雨的，我替母親打齋，她在天之靈也會保祐不下雨的。道士說，如果下雨又怎樣？鄧華禧話，如果眞眞下雨，一於收壇可也。

當時道士便在門外露天開壇作法事，誰知當晚果然突然下雨，道士便紛紛收壇。這個笑話傳遍廣州城，因此演變而成一句歇後語，即是"鄧華禧打齋——一於收壇"。

故在廣州唱此曲時，只此一句就引得全場笑聲。

《歡喜禪》的下半段曲詞如下：

（生喉中板）講風流，四海聞聲，邊一個唔知，我的底細。況且係，家財百萬，亦都唔算，輸虧。論性情，我對待女人，確係幾好，心事。剪衣裳，打首飾，綾羅綢緞，我都件件，都造齊。若果你，恐怕手上無錢，唔怕共我攞叠，西紙。須知到，我三少呢份人，講起金錢兩個字，亦都冇乜，問題。叫一聲，阿眞傳你又唔好喺處，詐諦。有咁着數，又格外便宜，你又何樂，不為。（滾花）我走上前來，倒不如共你禪參歡喜呀！（收板）有慈航，渡衆生，扒吓就知。

下半段曲全用生喉唱完，這是撰曲人的技巧，是讓聽衆猜測究竟這一位妙尼眞傳，是否肯跟三少參歡喜禪。曲中的"扒吓就知"，就是指"扒掘頭艇"，這是當時廣州流行的俗語。這支《歡喜禪》據說是梁以忠所撰的，筆者錄出這曲的曲詞，用以說明梁以忠是位多面手的粵曲玩家。他既能唱子喉，又能唱平喉，唱諧曲更是另有一手的。確實是多才多藝。

梁以忠早期的作品還有一曲《補情天》，是用極溫文的平喉唱的，是寫一位多情的才子，由於妻子去世而長嗟短嘆，盼望能補回已缺口的情天。這首曲很長，不能盡錄。但曲中一段“走馬”，頗有宋詞的韻味，錄出於後:

> 怨天天你無言，愁更牽，愁更牽，恨綿綿，琴碎弦斷，長懷故劍。桃花人面，空傷劉阮。雲散風流腸望斷，苦恨年年。天妒紅顏損，紅顏損，人去樓空怨，枕邊淚痕點點。羞見簷前雙燕，兩情繾綣。嗟我衾難暖，孤燈愁對夜難眠，倩誰憐。

這一段曲詞，句句押韻，而又上下句分明，完全符合粵曲的特色。粵曲的雅詞就是這樣，可以將它當詩詞來讀，讀時自有一番韻味，亦可以唱，唱時更見迴腸百轉。《補情天》也錄成唱片，並用兩張唱片才能全曲錄完。

梁以忠與張瓊仙後來結婚，婚後即來香港定居。他因擅唱子喉和平喉，以前甚少和別人對答合唱，自和張瓊仙結婚後，才與張瓊仙合唱，張瓊仙唱子喉，他唱平喉。兩人合唱的名曲，傳誦多年的有《重溫金粉夢》和《明日又天涯》二曲。

《重溫金粉夢》所唱的故事，是南唐後主李煜於亡國後與愛姬重溫故國時的金粉夢。南唐爲唐末五代中的一個小國，其立國三十九年，是以曲中的曲詞，多用李煜的詞入曲，如“雕欄玉砌今猶在，只是朱顏改”、“問君能有幾多愁，恰似一江春水向東流”等。這首曲能傳唱多年，除了梁以忠和張瓊仙唱得恰到好處外，還有曲詞雅麗和大量套入李煜的詞句。由於三十年代舊文學仍受重視，當時很多學校的語文教材仍有採用古文和舊詩詞作輔助教材的，故這一類的雅詞粵曲，極受歡迎。這是《重溫金粉夢》能傳唱多年的時代背景。

《重溫金粉夢》全曲近六百字，不能盡錄，今將其中雅麗歌詞中的若干片段錄出於後：

（生唱二流）多少恨，夢魂中，還似舊時遊上苑，雕欄玉砌今猶在，夢回芳草似覺往事如烟。澄心堂上七夕重臨，彷彿夢來遲破歌猶未斷。（旦唱小曲）風簫吹斷水雲間，破藍歌衫血淚染，羅袖啼痕色宛然。櫻桃落盡蝶不戀。（生接唱小曲）今宵未見月團圓，牛郎念切越倒顛。（旦接唱）今宵任君恣意憐，莫道織女情不堅。（生唱二王慢板）惟問你桃花破裂，是否依舊，香甜。（旦接）胭脂冷落不成歡，數載珠簾懶捲。淚沾紅抹胸，虧君調笑不知愁。……

（旦詩白）唉，正是江南江北舊家鄉，四十年來夢一場。（王梆子慢板）問君還有愁幾多，恰似一江春水向東流。既是林花謝了春花紅，只合將眼前，消遣。歸時休教燭花紅，待踏馬蹄清夜月，難得相逢隔世……

張瓊仙與梁以忠結婚之後，即不用張瓊仙的藝名，而用張玉京的名字出現。因此《重溫金粉夢》後來灌錄唱片時，唱片上的封套和唱片中心的版權圓形招紙上，都印明梁以忠和張玉京合唱。她久不久也在本港歌壇客串唱曲，登台時也用張玉京的名字而不用張瓊仙。

另一首名曲《明日又天涯》，是寫一對多情情侶，明日就要分別，當晚設離宴餞別，曲詞寫這對有情人難捨難分的情景。這本是數十年來粵曲常用的題材，從《客途秋恨》的“望江樓上設離宴”到“偏把多情向少生”

起，一直到四十年代的《再折長亭柳》，都是用這種題材。但那時的粵曲聽衆，好像百聽不厭似的。其實題材雖千篇一律，但曲詞寫得好，以及唱工唱得好的才流行，很多用同一題材的粵曲，都很快就被人忘記，無法流傳。

茲將《明日又天涯》最精彩的一段曲詞錄後：

（旦唱二王慢板）情脈脈，意綿綿，一日思君十二時，（生接唱）妹呀，還有十二欄杆，你切莫偏倚。此際離魂消盡。（旦接）空自淚灑荼薇。（生接）驚心欲別不成歡，握手相期惟有淚。（旦接）最可恨是誰家鳳笛，聲聲如淚向儂吹。（生接）蠟燭消魂，紗窗瘦影，知明日天涯何處。（旦士工慢板）正是易求無價寶，難得有情郎，不欲人生別有時。（中板）我捧玉鍾，翠袖殷勤，我勸郎你一醉。望你且將杯酒解愁思，此去關山千萬里，無人侍奉，你要珍重爲宜。（生）酒未飲，先成淚，眼中泣血，心已成灰，可憐一朵嬌花，能解語，恨我東風無力，負此可憐兒。……

單看這一段曲詞，就知道這首粵曲的特點，是生旦用緊密對答的方法撰曲。生唱三四句，旦即接唱兩三句，然後到生接唱下去，生旦交替接唱，互相咬得緊，便顯出一對有情人難捨難分的情意。

早期失明藝人

最負盛名的瞽師鍾德

“盲公狀元”

人人都知道早期失明藝人中最負盛名的是鍾德，鍾德有“盲公狀元”之稱。他這個“盲公狀元”的稱號，是由廣州西關一羣富人選舉出來的。事緣民國初年，廣州西關在一次土地誕中，突然發起邀請全廣州失明藝人來唱曲，以便評定曲藝最佳的藝人。當時還未懂得用冠軍、亞軍、季軍等名詞，仍以科舉時代的名次，稱狀元、榜眼、探花。在這次失明藝人曲藝比賽中，爲了公平起見，指定唱《西廂記》中一段。

土地誕是農曆二月初二，是民間神誕中最熱鬧的一次神誕。由於每一個社區都有街坊土地神壇之設，是以每個社區的坊衆都有賀誕的活動。賀誕活動就在街坊土地神壇之前，坊衆捐資作爲賀誕的經費，街坊富裕的捐多一點錢，除了燒全隻金豬作祭品之外，並有邀請失明藝人來演唱。這種神誕活動，香港目前仍然保持。因香港每一社區都有土地神壇，其中老華人住宅區的西營盤，至今仍有街坊土地，每年仍有賀誕唱曲表演。

西關寶華坊土地壇，每年土地誕都有請失明藝人演唱全本木魚書的，由二月初一晚起演唱，唱至二月初三，一連三天。所謂全本木魚書，即將小說改編的木魚唱曲，如《紅樓夢》、《西廂記》、《薛仁貴征東》、《金葉菊》、《紫霞杯》等等，由頭到尾唱完。各區的土地誕賀誕，都是只請一名失明藝人演唱，這一次因爲希望藉土地誕，要聽齊全廣州失明藝人演唱，故辦一次全廣州失明藝人演藝比賽，每人唱四十五分鐘，指定唱《西廂記》中的一節。在這次比賽中，盲德被選爲狀元，盲就爲榜眼，桂妹爲探花。這是盲德有"盲公狀元"之稱的原因。

盲德成爲狀元之後，很多歌壇都邀請他登台唱歌，但他拒絕唱散曲，要求全晚由他一個人演唱，即是要開個人演唱會才肯唱。在民國初期到二十年代，只有失明藝人鍾德有此資格。此外，他又提出酬金按每個晚上計算，而不是每曲酬金計算，就是說，你即使請他唱一首歌，也要當一晚酬金計。據說當時一晚酬金要二十元，而當時歌壇所收每客茶費是二毫子，即是收一百盅茶的茶價才夠支付給鍾德的酬金。但鍾德因有"盲公狀元"之號，有號召力，歌壇加價爲每盅茶三毫，歌壇仍然滿座。因此造成鍾德在歌壇上，只有個人演唱，他可以說是歌藝界開個人演唱會的始祖。

香港的歌壇，亦請鍾德來港演唱，鍾德要求歌壇包來回頭等車費，包酒店住宿，並且要求最少包五天。如果五天滿座，繼續演唱，則逐天計算。換言之，他要收一百元演唱費，另交通食宿費。他第一次來香港演唱，是在武彝茶樓的歌壇上，茶價每位收四毫，在當時來說是最貴的。由於場場滿座，繼續加唱五天，他的曲藝瘋魔了香港的歌迷。

因此，一年之後，他再來香港演唱時，香港一羣文化人，發現鍾德所唱的歌，便一齊動手用筆將他的歌詞記錄起來，以便傳唱。鍾德是失明的，他唱的曲沒有曲本，完全靠記憶將曲詞唱出，因此要用集體筆錄的方法，將他所唱的曲詞記錄下來。當時主其事的人，是新聞界名人勞緯孟。他聯同六、七位知音人，在歌壇上包下一張枱，各人拿筆，鍾德唱一句，他們就記錄一句，在記錄時各不相問，也不談話，到一曲唱完，便拿起來對照。

以勞緯孟爲首，筆錄鍾德的曲詞，將他唱過的歌曲逐一筆錄後，又再校正。完成初稿，再等他下次來港演唱時，用這些底稿逐一對照他的唱詞，於是成爲定稿，然後他們合資排印，出版一本鍾德的曲集，名《今夢曲》。

第一唱片《祭瀟湘》

當時有唱片公司請教勞緯孟，究竟鍾德所唱的歌曲，以那一支爲最好？勞緯孟認爲以《祭瀟湘》最佳，可以作爲鍾德的首本代表作。於是唱片公司派人向鍾德提出以優厚條件，請他灌錄唱片，但被鍾德一口拒絕。拒絕的理由，並非酬金問題，而是觀念問題。原來鍾德認爲將他的聲音錄入唱片，會將他的歌喉收了去，他就會失聲，以後就不能唱歌了。當時唱片公司稱錄音爲“收音”，“收音”一詞，現時仍是行內通行的語言。鍾德聽到“收音”兩字，以爲將自己的聲音收去了，以後就會影響他的聲音，是以堅決拒絕。

當時很多朋友向他解釋，他怎樣也不相信，認爲朋友想害他以後不能唱歌。後來唱片公司知道他把在歌唱比賽中得第三名的桂妹視爲勁敵。因爲有些歌壇也請桂妹唱歌，更主要的是，有些私家局請鍾德唱曲，而恰巧又撞期，他們請不到鍾德，便請桂妹，是以他認桂妹爲勁敵。事實上，他對桂妹的唱腔也極欣賞。因此唱片公司先向桂妹游說，請桂妹灌錄唱片。於是，失明藝人最先出唱片的反而不是鍾德，而是桂妹。有關桂妹生平事迹留待下節再談。

事隔幾個月，桂妹在廣州一歌壇演唱，鍾德特地叫人帶他去聽聽桂妹唱曲，以便聽聽她的歌喉有沒有受“收音”的影響，聽後覺得桂妹不但聲音不失，且比以前進步。於是親自問桂妹，問她“收音”之後有無喉嚨病，有無失聲，有無影響歌喉。桂妹說，如果這樣怕，最好不要錄唱片。她自己沒事，但不能保證鍾德也沒有事。如果他錄了唱片之後，睡眠不足，多吃煎炒的食品，影響了歌喉，便會說唱片收了他的聲音，所以桂妹不鼓勵鍾德入唱片。鍾德回去細想桂妹的話，認爲她想獨佔唱片市場，她錄了唱片既然無事，自己也會無事的，於是答應唱片公司錄唱片。他的第一張唱片是《祭瀟湘》。

《祭瀟湘》是鍾德獨特的一段《紅樓夢》唱詞，是其他失明藝人不會唱的。主要原因是由於他能即興唱出頗多動人的意境。換句話說，這一段的唱詞是他創作的，這是別的失明藝人不會唱的原因。

從前失明藝人都能唱全本《紅樓夢》。因爲代代互相傳授都有《紅樓夢》全本。失明藝人傳唱的《紅樓夢》共分二十四段，這是方便失明藝人學習的一種方法，如果不將全部小說分成二十四曲，就很難記憶。分成二十四曲，可以唱熟一曲再學唱第二曲。筆者藏有一本廣州以文堂出版的南音《紅樓夢》，亦曾請多位失明藝人唱全本《紅樓夢》，發現全部失明藝人都是依照這本曲本演唱的，他們稱爲《紅樓夢》二十四曲。

二十四曲的次序是:《夢遊太虛》、《怡紅祝壽》、《蘆亭詠雪》、《寶玉葬花》、《夜訪怡紅》、《晴雯撕扇》、《晴雯補裘》、《私探晴雯》、《祭晴雯》、《鞏卿絕粒》、《黛玉葬花》、《黛玉焚稿》、《寶黛埋花》、《瀟湘聽雨》、《瀟湘琴怨》、《寶玉贈帕》、《寶玉心迷》、《寶釵送藥》、《寶玉恨》、《黛玉棄世》、《寶玉相思》、《哭瀟湘》、《入闈》、《逃禪》。

失明藝人全部是由師父傳授曲藝的，他們不能看書，中國又沒有爲盲人而出版的凸字書本，是以一直都依二十四曲傳授，鍾德亦不例外。筆者比對《今夢曲》中有關《紅樓夢》的唱曲，其中很多都與古本南音的二十四曲相同，只有《哭瀟湘》改爲《祭瀟湘》，曲中的詞句、意境和《哭瀟湘》完全不同，因此相信這是鍾德自己創作出來的。

此外，討論盲德唱《祭瀟湘》時，如果不與其他失明藝人唱《哭瀟湘》作比較，是不知盲德自創這一段唱詞的。同時期的失明藝人有盲就、盲水、龍舟松等人。他們也是將《紅樓夢》分爲二十四曲的。盲德也一樣，只是其他二十三曲，盲德和其他失明藝人所唱的都是大同小異，只有《哭瀟湘》一段，盲德的唱法以及曲詞，是和各人不同的，因此他把《哭瀟湘》改爲《祭瀟湘》。

同時期的失明藝人唱《哭瀟湘》，是從寶玉經過花園，在黛玉葬花之處哭訴一番，又觸起晴雯的往事，於是又哭晴雯。然後再到瀟湘館哭黛玉的靈堂。盲德則是直接唱寶玉在黛玉靈前致祭，並且奠酒。他是省卻哭葬花和哭晴雯的。

至於描寫瀟湘館的情形亦不同，先錄當時失明藝人唱的一段曲詞於後：

> 迴欄直出到瀟湘，你睇庭中寂寂甚凄涼。竹梢風擺撩人愴，花木凋零實可傷。野草綿綿生滿地，蒼苔軟軟砌盈牆。蜘蛛結盡千層網，蘭蕙空留十里香。舉步近前臨寢室，做乜塵烟無點卻如常。想嬌你陰魂不散在此常來往，故此寂寞無塵只此一方。你睇花枝招展搖風響，心想你，轉入蘭房上，虧我一見嬌你靈柩碎我心腸。

再看看盲德《祭瀟湘》描寫寶玉進瀟湘的一段曲詞：

> 含淚携壺呼麝月，傍花隨柳出深閨。行行到了瀟湘館，又只見翠竹蒼松雨色迷。殘花滿徑無人掃，坭落空樑燕自飛。湘簾不捲爐烟冷，夕陽牆角慘聽烏鴉啼。正係紅樓人去春深鎖，可惜金屋雲空月再歸。凄涼忍不住相思淚，待我低頭奠酒哭訴衷辭。

比較這兩段曲詞，就明白盲德要標奇立異，將看見黛玉的寢室一塵不染，疑如鬼魂尚在的大段曲詞不用，一到瀟湘館就致祭和奠酒。於是，他的奠酒的曲詞，全部由他自創的。

盲德的《祭瀟湘》是按照一般俗禮向靈堂致祭的風俗習慣創作新的曲詞。俗禮致祭時有奠酒的儀式，他就是用奠酒的儀式唱出曲詞。奠酒通常是奠三杯酒，因此他的曲詞是逐一杯酒唱出的，他唱奠第一杯酒的曲詞如下：

初杯酒，百花香，生自銷魂苦斷腸。一朝春盡紅顏老，月明誰爲市瀟湘。正像星漢有槎津莫問，天台無路恨偏長。恰似春蠶到死絲方盡，猶似銀燭成灰淚未乾。怎奈鴛鴦夢破朝雲散，可惜蟋蟀聲悲暮雨涼。妹呀，知你怨重猶能塡北海，虧我洗愁難以決西江。講乜問菊當年誇第一，傷心容易又重陽。

這是模擬寶玉哭靈時的說話，即所謂"祭詞"。讀了上面這段"初杯酒"的曲詞，讀者應會覺得一位失明藝人能憑想像力，創作出如此動人的曲詞，這正是當年勞緯孟等文化人對盲德推崇的原因。

其實在全中國範圍內，民間藝人演唱《紅樓夢》的創作作品是十分多的，"紅學"家們曾將這些民間說唱文學有關《紅樓夢》的作品加以研究，比對着原書作鑽牛角尖的研究更有意義。

"初杯酒"之後是第二杯酒，盲德的曲詞如下：

二杯酒，恨如山，離魂倩女莫望生還。風流此後成烟散，呢陣怡紅無望再啓花關。虧我淚已成湖流未盡，心原似石欲轉難還。好比珠沉赤水救非易，玉碎藍田種已艱。只爲愁多銷綠酒，皆因情重誤紅顏。知你仙緣不比我塵緣滯，蓬萊此去望你早列仙班。瀟湘夜夜銷魂雨，無復瑤琴共妹你聽彈。

盲德唱的是南音，而曲詞則有律詩的韻味。例如"虧我淚已成湖流未盡，心原似石欲轉還難"，又如"正像星漢有槎津莫問，天台無路恨偏長"，"珠沉赤水求非易，玉碎藍田種已艱”等，都是有律詩的韻味。奠兩杯酒的唱詞第一句重複。

盲德唱《祭瀟湘》，最動人的一段唱詞，是唱到“三杯酒”的一段，“三杯酒”比初杯和二杯的唱詞長得多，錄出於後：

> 三杯酒，淚紛紛，繁華舊夢不堪聞。十載綢繆成畫餅，恩愛無端一旦分。此後香不通魂空有恨，草無懷夢樱傷神。傷心往日風流事，空餘花落怨黃昏。正係離恨有天難補石，高唐無夢枉行雲。姻緣一杯嗟何及，春去桃花莫問津。一坯黃土埋倩女，空餘冷月照秋墳。
>
> 情倍切，淚飄紅，春入紅樓夢已空。悲歡離合雖則皆前定。他生能否得再相逢。芳魂渺渺未曉歸何處，月魄茫茫夢又不通。點得化作並頭至得心息，斷腸甘願共妹你化作芙蓉。春色飄零圖就一快，免使落花無主怨狂風。花呀，轉落你便隨流水去罷咯，呢種無人香塚更爲你泣殘紅。點解葬儂他日竟自成詩讖，人亡花落兩成空。烟消香斷誰憐惘，簾前鸚鵡尚喚出金籠。花若有情應要念舊，香魂常伴妹你泉中。免佢年少風流成寂寞，吟哦空對月朦朧。相思錯誤嗟何及，離恨天涯阻隔不通。細想地久天長還有盡，虧我綿綿此恨總無窮。

這兩段唱詞都是“三杯酒”奠酒時的曲詞。所有失明藝人唱南音的唱法，都是依師承的，故有一定的唱法。凡唱到需要轉韻時，必定再用三個字兩句起首式。故“三杯酒”第一段用“三杯酒，淚紛紛”起，這是將“二杯酒”的“欄珊”韻轉爲“紛紜”韻的傳統唱法。由於“三杯酒”唱得哀怨纏綿，用一個韻不夠，故後段又用兩句三字的起首式作爲轉韻的方法，唱出“情倍切，淚飄紅”，改爲“隆冬”韻。從前出版的說唱文學中的南音書籍，包括勞緯孟等人所編的《今夢曲》，卻不會將唱詞分段，就是不明唱南音時轉韻的傳統格式之故。

現在筆者將三次奠酒的唱詞分段錄出，使讀者也能領略到唱南音時轉韻的格式。

盲德唱《祭瀟湘》由於將主題放在一個“祭”字上，唱了大段奠酒的唱詞，因此結尾的一段，便嫌不夠味。而且把紫鵑罵寶玉的一段唱詞略述，成爲整首《祭瀟湘》的敗筆。今先錄出《祭瀟湘》的最後一段曲詞於後:

霏霏流淚濕透羅衾底，又到丫環催促轉行踪。主呀，遠樹歸鴉才日晚，不如歸去莫從容。人生一死難重活，縱然哭極也成空。聞道人間天上總有重相見，或者到頭他日再相逢。公子你多情心意重，九泉應是慰下佢心中。寶玉聞言愁萬種，滿懷情緒恨無窮。今日禪心已作坭沾絮，鷓鴣無望再舞東風。此生未得共佢諧鸞鳳。肝膽痛，歡懷何日共，即着含愁帶淚强轉怡紅。

這段曲詞無端殺出一位丫環催寶玉離開，而這段曲詞又平平無奇。如果將當時其他失明藝人唱《哭瀟湘》的最後一段作比較，就知道盲德這一段曲詞是畫蛇添足。且看其他失明藝人唱《哭瀟湘》最後的一段曲詞:

紫鵑說，淚雙流，公子你含啼着甚憂。此非薛氏姑娘柩，何必在此淚雙流。此乃荒涼凄楚地，因何公子你到此芳幽。想你歡娛燕爾新婚後，何來此處把身投。今日害得佢青春少嫩歸黃土，還來在此不知羞。我嬌福薄難消受，請歸回轉鳳閣與龍樓。話完便把香燈上，帶怒含嗔把淚收。下階直出迴門後，轉入東林個便遊。個陣賈寶玉好似黃蓮吞入口，眉緊皺，氣死回生後，今日前情辜負盡付水東流。

戲劇中的“蒙太奇”，在我國的古戲曲和民間說唱文學中早已存在。寶玉哭瀟湘無論怎樣哀怨淒涼，若果沒有紫鵑的諷刺，便沒有戲劇性，也不見得寶玉對黛玉的一往情深。因此失明藝人傳統唱《哭瀟湘》，是用紫鵑諷刺寶玉結尾，使人對林黛玉更增加幾分同情之意。盲德的《祭瀟湘》奠酒的曲詞雖佳，但結尾一段則頗爲勉强，也不符合原作。

因此筆者認爲二十年代香港有幾位捧盲德的文化人和富商，把盲德捧成明星一樣，說他唱工好，彈筝又好，連曲詞都讚美不已。於是他們形成只聽盲德唱曲，不聽其他失明藝人唱曲，是偏聽的聽曲者。這樣的聽衆是歷代均有的。作爲普通聽衆則沒有什麼不妥，但作爲評曲人的文化界，就容易造成誤導，使人以爲其他失明藝人是毫無水準的。尤其是留下的文章，被幾十年後研究者讀到，更容易誤導。其實失明藝人各有各的唱工，盲德的古筝雖然彈得好，但桂妹的琴及琵琶亦是玩得很好的，盲水的二絃又別有韻味。若叫盲德拉二絃、打洋琴，肯定不及桂妹和盲水。

至於唱詞，除《祭瀟湘》由盲德創作之外，其他唱曲，唱詞都是和別的失明藝人唱曲相同的。只有偶然在中間插入幾句即興之作略不相同而已。盲德後來灌了多張唱片，《今夢曲》都有將曲詞和入，比對這些曲詞，便知盲德其他唱詞，是和一般失明藝人的唱詞無異的。因此不能因《祭瀟湘》與別不同，就說盲德所有的曲詞都和別的失明藝人不同。

另一張唱片《寶玉相思》

失明藝人唱全本《紅樓夢》是分二十四曲的，每曲可獨立演唱，例如唱《黛玉葬花》，唱《晴雯補裘》，唱《寶玉相思》等，可逐曲獨立演唱。失明藝人都是依照師傅傳授的唱本照唱的，盲德的唱本亦不例外。盲德有一張唱片《寶玉相思》就是依照所有失明藝人所唱的曲詞照唱的，並非盲德的作品。只因唱片公司規定只出兩張唱片爲一套，故盲德的《寶玉相思》刪節了多段曲詞，以符合兩張唱片收錄的時間。失明藝人唱曲，常有因時間不足而用節刪唱法的，這種唱法稱爲“攦板”。“攦”字讀“臘”字第三聲，是廣府俗語。“攦板”相當於略了其中一段，如甲段本來共二十句才到乙段的，只唱甲段十句便入乙段，這就是“攦板”。盲德唱《寶玉相思》，是用省略唱法唱的。

爲了方便讀者研究盲德的唱詞，今先將一般失明藝人所唱的《寶玉相思》的曲詞錄出其中第一二段於後:

> 花燭夜，月騰輝，洞房春色喜門楣。此夕金碧畫屏開孔雀，芙蓉綉幕待牽絲。想我寶玉姻緣應冇再誤，絲羅明是許訂黛玉佳期。百年今遂三生願，不枉我棲鸞當日種就連枝。正係藍橋得踐妝台約，夭桃濃李正當時。羅綺風流欣獨佔，安排金屋待嬌姿。春風得解平生恨，任憑彩筆畫雙眉。靜裏思量心暗喜，笙歌嘹亮向人催。共道洞房筵已設，傳言公子莫遲盡。酒綠燈紅添夜景，交杯傳送醉金巵。個陣眼波偷送筵前遞，見佢體態風流不似舊時。雖則旁立嗰個待兒明係雪雁，做乜低頭無語似有滿腹愁思。反覆思量看佢仔細。動靜

分明恰似薛寶兒。獨惜翠繞花盈難以細辨，魚目和珠未識是非。含情欲說又苦無人問，只着懷疑抱悶懶會佳期。一聲長嘆獨入紅綃帳，矇朧雙眼自見神痴。忽聽簾鈎乍響似有人聲至，無奈擁被低言細問是誰。

再錄盲德《寶玉相思》唱片的曲詞第一段於後：

花燭夜，月騰輝，正是洞房春色喜入門楣。此夕金碧畫屏開孔雀，芙蓉綉幕待牽絲。想我寶玉姻緣應冇再誤，絲羅明是許訂黛玉佳期。思量暗裏心歡喜，忽聽笙歌嘹亮向人催，含情欲說無人問，只着懷疑抱悶懶會佳期。一聲長嘆獨入紅綃帳，矇朧雙眼帶神痴。忽聽得簾鈎乍響似有人聲至，個陣擁被低言細問是誰。

讀者可以從兩種曲詞中看到，盲德的曲詞句句都與其他失明藝人的曲詞相同，只是將原曲刪去很多。除第一句至"絲羅明是許訂黛玉佳期"完全相同外，其餘則段段刪去一大段，因而令到全曲情理完全不銜接。原曲是寫出寶玉看見新娘似是薛寶釵，才因疑惑而懶會佳期，就進房中睡覺，矇朧中夢見黛玉進來。但盲德這段曲詞則刪去一大段情節，變成無緣無故入紅綃帳。

至於《寶玉相思》第二段唱詞，其他失明藝人是這樣唱法的：

此後我南歸你休要再記，鳳鸞新偶正好樂效于飛。話完即便抽身起，君呀相逢從此渺無期。個陣寶玉慌忙把羅衣扯，妹呀多情何苦獨自咁傷悲。今日我薄倖明知虧負你，也應憐念講句舊日心詞。唔想鷄聲驚喚離人醒，蝶化南柯一夢飛。起憑鴛枕添惆悵，正是杜鵑啼血五更時。回首見襲人旁侍立，低聲携手問句嬌姿。近來可到瀟湘館，比如風景似否前時，花燭昨宵究竟是誰家女，教人疑惑暗裏難知。又到襲人輕啓齒，朱唇漫展吐言詞。爲君當日把佳期定，怎奈佢病中憔悴力難支，只着薛寶釵姑娘來代替，君呀姻緣已定百載難移。我想釵黛本來同絕色，溫柔情性更堪思，況且雀橋初渡雙星夕，瀟湘魂夢早赴瑤池。

盲德的《寶玉相思》將若干曲詞先後倒置，又將若干詞句刪去，下面是盲德的唱詞:

我此後南歸你休要再記，等你鳳鸞新偶正好樂效于飛。含情將風流來付你，旣有今宵何必有初時。寶玉凄涼將羅袖扯住，叫句多情何必獨自傷悲。薄倖明知虧負你，也應憐念講句舊日心詞。唔想鷄聲驚覺離人醒，蝶化南柯一夢飛，起憑鴛枕添惆悵，正係杜鵑啼血五更時。回首只見襲人旁侍立，低聲攜手細問句嬌姿，你近來可到瀟湘館，比如風景似否前時。花燭昨宵究竟是誰家女？教人疑惑暗裏難知，又到襲人輕啓齒，朱唇漫展吐言詞。爲君當日佳期定，怎奈佢病軀憔悴力難支，所以薛寶釵姑娘來代替，君呀姻緣已定百載難移。

試比較兩種曲詞，就知道曲詞基本上是相同的，盲德的曲詞，刪去襲人所說“我想釵黛本來同絕色”以下四句，至於“旣有今朝何必有初時”兩句，是上一段已經有的，在此處加入，顯見重複。可見盲德的其他唱詞，與其他失明藝人的唱詞是大同小異的。

桂妹創喃嘸腔受歡迎

在早期的失明女藝人中，桂妹師娘是多才多藝的一位。她會玩多種樂器，擅拉二胡。此外，桂妹唱平喉，既能唱全本南音，也能唱班本。記憶力極强，能將全本木魚書由頭唱到尾不漏一字，戲班中的主題曲，她叫人讀一至兩次，便能記憶，可以照唱。她又有一特點，是會唱喃嘸腔，唱起來很像和尚誦經，也似尼姑做法事。

由於桂妹有多首唱得頗爲流行的名曲，在唱片公司的邀請下，把其中一首《情天血淚》灌錄唱片，成爲第一位灌錄唱片的失明藝人。

《情天血淚》是寫一位多情書生祭他的意中人的亡魂，故曲中有一段喃嘸腔，是將喃嘸中《戒定眞香》唱入曲中的，其詞云:

> 戒定眞香，焚起沖天上，弟子虔誠，熱在金爐放，頃刻紛紜，即遍滿十六。昔日耶輸，免難消災障。喃嘸香雲蓋，菩薩摩訶薩。（轉乙反腔）唸罷幾聲超度亡魂。……

桂妹唱《情天血淚》時，將曲詞中那一段“戒定眞香”唱得似喃嘸，其中有些字句，是從喃嘸中的經文轉化過來的，如“喃嘸香雲蓋，菩薩摩珂薩”等句，在字面上是不可解的。只因這是祭亡妻的曲，這一段曲詞是作爲上香時誦經的曲詞，因此就作爲經文來聽。當時是頗爲新鮮的，難怪她的唱片暢銷。由於她的唱片十分好銷路，除了香港歌壇請她演唱外，較偏遠的粤語流行地區，例如梧州、江門，都請桂妹去唱曲，從而桂妹知名度大增。

桂妹的《情天血淚》暢銷，也促使唱片公司爲桂妹録第二張唱片，名叫《玉梨魂》。由於桂妹的喃嘸腔受歡迎，《玉梨魂》也有一大段喃嘸曲詞。《玉梨魂》也是多情小生祭亡魂的粤曲，女主角名叫梨娘，是以名此曲爲《玉梨魂》，曲中的一大段喃嘸曲詞，是由二王慢板轉入梵音的。“知音者，後人憑弔，徒增我悲憤、漫瀰。大羅天，波羅地。佛門有偈（打梵音）吾俺，部部部部帝，理迦哩哆嘿旦鑿夜，哆夜爺，一位亡靈，亡靈不昧，不昧遠遙聞。”曲中的“部部部部帝”等都是喃嘸祭亡魂的經文，比《情天血淚》還要多幾句。如果不是有曲詞和唱片留下紀錄，若由老人家口述，作爲現代的研究者，實在是難以相信早期會有這種奇怪現象。有位熱心人士溫乃堅先生，把桂妹師娘的這兩張唱片的錄音寄給筆者，令筆者能在七十年之後聽到桂妹的喃嘸腔。同時也聽到桂妹唱曲時，是用粵音爲主與舞台官話混合來唱的。這是粵劇由用舞台官話演唱過渡到用純粵語演唱的產物。她唱“不”字用官語唱“步”音，其他詞語如“寒微”“志氣”，都是仍用官話唱出的。初步研究，有理由相信粵劇後來全用粵語演唱，是受失明藝人和歌壇的影響的，桂妹的這兩首粵曲，可以說是粵語與官話混合的唱法，而粵語佔百分之八十，只有二成是官話唱腔。

自從桂妹師娘唱了《情天血淚》、《玉梨魂》，盲德唱了《祭瀟湘》等曲之後，二十年代後期關於祭亡魂各題材的唱詞頗爲流行，差不多所有失明藝人都唱祭亡魂的歌曲。因而唱片公司，亦出版了很多以祭亡魂爲題材的唱片。

當時較著名祭亡魂和弔亡魂的名曲有《夜弔秋喜》、《祭鍾子期》、《夜弔白芙蓉》等曲。而這種“祭弔”歌曲只流行了三年左右，約在1928年至1930年之間流行。其原因是和社會動盪有關的。當時正值國內軍閥混戰、水災及蝗災，死人無數，故人人都有拜祭已喪生的親人之心。

這些祭弔亡魂的名曲中又以招子庸所作之《粵謳》其中一首《弔秋喜》爲最有名。

招子庸字銘山，號明珊居士，他所撰的粵謳，於道光元年（公元1821年）輯成書出版，名《粵謳》。《弔秋喜》這首歌曲，是爲當時珠江花舫中一位妓女因欠下錢賒無法償還，跳水自殺而作。原曲只名《弔秋喜》，但失明藝人一直以來都在“弔”字上加一“夜”字，而稱《夜弔秋喜》。由於二十年代末期祭弔之類的曲流行，於是此曲又成爲流行曲。不過能夠用眞正粵謳唱法的人已經不多，只有桂妹及下節談及的二妹、英華等女失明藝人能用純正的粵謳唱法演唱，其餘男失明藝人都不是用純正粵謳的唱法來唱，而是用南音或板眼的曲調唱出，因此各人的唱法不同。

女失明藝人用純正的唱法，由於板式慢和弦索配樂的過門特別長，在錄唱片時便要三張唱片才錄得齊。用南音唱法就縮短很多音樂過序部分，因而只錄兩張唱片就夠。用板眼唱法，因板式快而音樂過序短，是以一張唱片就錄完了。

盲水擅扮多種聲調

在“祭弔”亡魂的歌曲流行時，另一位失明藝人盲水也有一首“祭”歌的首本名曲，名叫《夜祭李鳳》。

盲水的名氣不及盲德大，因此沒有他的姓氏記錄，只知他名叫亞水，人人均以盲水稱之。盲水來港唱歌，多在土地誕唱長編的歌曲。盲水擅拉二絃，因此他唱的曲詞不限於南音，也兼有梆子和二王，有人說他的唱詞是從大八音班中學來的，因大八音班也是唱全本的戲曲。

失明藝人的全本唱曲中，有一本《正德皇下江南》，盲水是擅唱這一本曲本的。大八音班亦有《正德皇下江南》的唱本。失明藝人唱的《正德皇下江南》是唱南音的，大八音所唱的是梆子二王夾南音、二流、板眼等粤調的。盲水唱的是大八音班的曲本，因此頗有特點。《正德皇下江南》亦即粤劇中的《遊龍戲鳳》，劇情以正德皇到龍鳳店中遇到李鳳爲最高潮，因此粤曲的《遊龍戲鳳》亦以龍鳳店一段爲最流行。但按照劇情發展下去，正德皇封了李鳳爲妃之後，等到派迎親隊伍來迎娶李鳳之時，李鳳已經死去。正德皇念念不忘李鳳，於是便有《夜祭李鳳》。正是編劇家故意把個風流天子描寫成多情天子。盲水所唱的《夜祭李鳳》這一段戲，唱的就是這一段戲文。

盲水唱《夜祭李鳳》也是用南音起首的，其後轉唱二王慢板。曲詞如下:

（南音）愁默默，倍傷悲，春山含淚鎖雙眉。宛轉慢栽連理樹，無端風浪折蓮枝。一笑傾城眞絕色，可憐紅粉葬汚坭。種下情根難割捨，好似交頸文禽一片虛。狂風暴雨花遭害，一坯黃土埋葬娥眉。（二王慢板）卿卿卿，在幽冥，未曉爲皇到此，但只願望鄉台上，聽我，言詞。自從你，卿亡後，孤就無心，國事。行不安，坐不寧，神魂顚倒，好似孤雁，無雌。曾記得，並香肩，與你殷勤一對。（反綫半邊菊）

雙携玉手，卿憐我我憐卿。金石同心永不分離。問天何故傾倒這香駒，莫非前生定，薄命是紅顏。（正綫慢板）只可憐，才華女。無辜絕世。恨只恨，東風無力把你，扶携。

唱到這裏，再用一段“二流”結束全曲:

（二流）問蒼天，既然一個風流女子，爲什麼使她緣慳福薄，難以享受宮妃。嘆紅顏原非福，好比珠沉玉碎。只可憐無辜慘害，枉死城池。哭到此情心血湧起，卿呀鬼門關下，知道唔知? 對住眞容，高聲叫句，但只願夢魂相聚會佳期。

曲詞其實並非佳作，完全不脫失明藝人所唱的南音、木魚、龍舟等本色。它之所以流行，只因盲水是當時唯一能唱多種曲調的失明藝人，同時也能唱多種聲綫。所謂多種聲綫，即是能扮少女、老婦、老翁、小生、兒童等聲綫唱曲，但這並非粵劇上的大喉、子喉、平喉。

從前失明藝人中的男藝人，都能用多種聲綫唱曲的，唱到少女時，扮少女的聲綫唱，唱到老爺的曲詞時，扮作老爺的聲綫唱。很多曲詞是小姐與丫環對話的，他能令聽衆能分辨出，這是小姐的唱詞，那是丫環的唱詞。這是失明藝人唱詞的技巧。

二妹唱《粤謳》最精彩

二妹是二十年代名氣僅次於桂妹的女失明藝人，她擅唱粤謳，特別唱得精彩的，是招子庸所撰的《解心事》。她彈得一手好琵琶，一邊彈琵琶一邊唱。

招子庸的《解心事》共有兩首，曲詞寫妓女的心事，其中一首如下:

心各有事，總要解脫爲先。心事唔安，解得就了然。苦海茫茫多數是命蹇，但向苦中尋樂便是神仙。若係愁苦到不堪，眞係惡算，總好過官門地獄更重哀憐。退一步海闊天空就唔使自怨，心能自解，眞正係樂境無邊。若係解到唔解得通就講過陰隙個便。唉，凡事檢點，積善心唔險，你睇遠報在來生，近報在目前。

第二首的曲詞如下：

心事惡解，都要解到佢分明。解字看得圓通，萬事都盡輕。心事千條就有一千樣病症。總係心中煩極講不得過人聽。大抵痴字入得症深都係情字染病。唔除痴念就係妙藥都唔靈。花柳場中最易迷卻本性，溫柔鄉裏總要自出奇兵。悟破色空方正是樂境，長迷花柳就會墮落愁城。唉，須要自醒，世間無定是楊花性，總係邊一便風來就向一便有情。

粵謳是不限字數的民歌，同是《解心事》，第一首只一百二十字，而第二首則一百三十七字。如果與《弔秋喜》比較，就短得多。因此唱粵謳的人，只須掌握上下句的句法，就能別出心裁，唱得婉轉而動聽。

招子庸的《粵謳》成書於道光元年，即公元1821年。他的粵謳在1821年之前，已在珠江河畔的妓院中由歌妓傳唱。當時的盲妹，亦隨着傳唱，成爲十九世紀至二十世紀初流行於廣州的正式的粵歌。香港開埠後，這些粵謳也流傳到香港來。1925年來香港任港督的金文泰爵士，最欣賞粵謳，他將粵謳譯成英文，名《嶺南情歌》，英文書名爲《*Cantonese Love Songs*》。這本譯粵謳的作品，並不是他在港督任內所譯，而是1898年英國租借新界之後，他出任新界土地登記官時所譯的，於1904年出版。可見粵謳流傳之廣。當時很多懂粵語的外國人和傳教士，對於失明女藝人唱粵謳，也很欣賞。常常請她們在一些私人場合中演唱。他們欣賞粵謳，與金文泰的譯書加以推薦有關，但亦和當時傳唱流行有關。

二妹唱《解心事》有獨特的風格，她唱得哀怨中有樂觀的韻味，完全符合招子庸作品的要求，因此後來仿她的唱法的人很多。二妹並專爲唱《解心事》而創“解心”腔。後來撰粵曲的文人，索性將粵謳的《解心事》寫作“解心”，將《解心事》頭幾段的曲譜配上新詞，這是“解心”的來由。

二妹唱招子庸的粵謳，還有一首《揀心》，也是用同一的唱法唱得十分動聽的。《揀心》的曲詞如下:

> 世間難揾一條心，得你一條心事我死亦要追尋。一面試佢眞心，一面防到佢噤，試到果實眞情正好共佢酌斟。噤噤吓噤到我地心虛，個個都防到薄倖。就係佢眞心來待我，我都要試過兩三匀。我想人客萬千，眞嘅都冇一分，個的眞情撒散，重慘過大海撈針。況且你會揾眞心人亦都會揾，眞心人客，你話夠幾個人分。細想緣份各自相投，唔到你着緊。安一下本份，各有來由你都切勿羨人。

曲中的“噤”字，照招子庸在《粵謳》中的解釋是“聽禁切，以甜言賺人曰噤”，即“冚”字的第三聲。俗語有“樹上隻雀仔都俾佢噤落嚟”，就是這個字，是廣州話方言。另外曲中“撒散”中的“散”字，應該第二聲，即“珊”字的第二聲。這首《揀心》寫出了青樓妓女的心事，亦屬於《解心事》之一。

二妹因唱粵謳的《解心事》而被人模仿，因而形成

“解心腔”，到了戰後，由於沒有人會唱粵謳，因此亦不知道“解心”是來自粵謳的《解心事》和《揀心》的唱法：正因如此，粵曲中的“解心”，算是留下一點粵謳的痕迹。招子庸的《粵謳》一書，共收錄十首他的作品，其中大部分是妓女所唱的，亦即女人唱的，故失明女藝人都會唱這一類的粵謳。其中有若干首，是招子庸特別爲失明男藝人而作的，即是用男聲唱出的，這一批男聲唱的粵謳，以盲德唱得最好，盲就爲次。

盲就道盡嫖客心聲

盲就是民國初年名氣僅次於鍾德的失明藝人。二人曾在廣州西關一次失明藝人的曲藝比賽中一較高下，結果盲德成爲狀元，盲就爲榜眼。

盲就也擅唱粵謳，但與桂妹、二妹等女失明藝人唱妓女自嘆不同，他唱的是嫖客自嘆的怨曲，有些是反映當年珠江河畔妓院的情況的，其中流行的有一首《唔係乜靚》，曲詞如下：

你唔係乜靚啫，做乜一見我就心傷。想必你未出世就整定銷魂今世惹我斷腸。你係前世種落呢根苗，今世正有花粉孽賬。故此我拚死去尋花，正碰着你呢朶異香。紅粉見盡萬千，唔似得你咁樣。相逢過一面，番去至少有十日思量。捨得死咯敢話死去會番生，我又同你死賬。難爲我眞正死咯，嗰陣你話冇乜相干。呢會俾個天上跌個落嚟，我亦唔敢去亂想。眞眞要見諒，莫話粒聲唔出就掉轉心腸。

這首歌寫出了王孫公子們的心事，又告訴妓女們不要以爲所有的人客都是容易被灌迷湯的。是招子庸所作的。也刊在《粵謳》內。因此證明招子庸所寫的粵謳，並非全部都是寫給妓女唱的，其中有部分是寫給失明藝人唱的。當年盲就多唱這一類粵謳。另有一首《乜得咁瘦》也是很流行的，曲詞如下:

乜得你咁瘦，實在可人憐。想必你爲着多情惹恨牽。見你弱不勝衣，容貌漸變。勸你把風流兩個字睇破吓，切勿咁綣纏。相思最會把精神損。你睇癡蝶在花房，夢得咁倒顚。就係恩愛到十分亦唔好咁綣戀。須要打算，莫話只顧風流唔怕命短，問你一身能結得幾多個人緣。

這首《乜得咁瘦》完全用廣州俗語寫成，但寫來邏輯性很强。從最初第一句"乜得你咁瘦"起，逐層深入，把她瘦的原因說得分明，然後又勸她不要過份多情，否則會令到身體日瘦，都是用男人的說話把妓女的心情唱出來的。這類粵謳屬於嘲弄妓女的歌，因此在當年很多家庭婦女，都樂於請盲公唱的。由於良家婦女不知妓院裏的情形，招子庸就是利用粵謳，將妓院的情形和妓女的生活，介紹給家庭主婦知道，讓她們知道多些她們不容易知道的信息。招子庸有一首《眞正惡做》，寫出道光年間珠江河畔妓院的情形，在道光年間是十分流行的粵謳。到了1928年，廣州珠江河畔的妓院已遷往陳塘，這首粵謳就成爲了解以前珠江花月痕的唯一文獻。是以盲就常常被聽衆點唱此曲。現時已無人會唱粵謳，也無人能唱這首《眞正惡做》，是以將曲詞錄出於後，供大家參考:

眞正惡做，嬌呀你曉得我苦心無。日夜共你癡埋重慘過利刀。近日見你熟客推完，新客又不到。兩頭唔到岸，好似水共油撈。早知道唔共你住得埋，不若唔相與重好。免使掛腸掛肚，日夕咁心操。勸你的起心肝尋番一個好佬，共你還通錢債，免使到處受上期租。河底下雖則係繁華，你見邊一個長好到老。究竟清茶淡飯都係揀個上岸正爲高。況且近日火燭咁多，寮口又咁惡做，河廳差役終日係咁嗌嘈嘈。唔信你睇各間寮口部，總係見賒唔見結，白白把手皮撈。就俾你有幾個女都養齊，好似話錢債易做，恐怕一時唔就手就墮落酆都。雖則鴇母近日亦算有幾家係時運好，贖身成幾十個女，重有幾十個未開舖。想到結局收場未必眞係可保。況且百中無一個的境遇實在難遭。你最好撥埋心水搵着地步，唔怕冇路，回頭須及早，好過露面拋頭在水上蒲。

道光年間是廣州珠江花事全盛時期，妓院多爲船樓畫舫，互相排列在江邊，俗稱妓院爲寮口，曲中的寮口就是指妓院。當時闊客到妓院飲花酒多數以記賬爲榮，故曲中有“見賒唔見結”之句。“河廳”是指專管花舫的衙門，衙門差役也常常向妓女勒索。

粵謳的《眞正惡做》也寫出當年珠江妓女共分兩種，一種是向鴇母借了錢，在妓院中當妓女還債。一種是鴇母買了窮家女子作養女，訓練她做妓女的。因此客人對於前者，只須代妓女還淸債，就可讓妓女離開妓院，營金屋以藏嬌，這一種稱爲“住埋”。後者則要替妓女贖身，鴇母開出一個價錢，客人付足贖身費就可以爲她脫籍。前一種妓女，由於只是欠鴇母的債，她自己可以向客人諸多索取金錢，自己積聚金錢，亦可以自己還債。這種向客人索取金錢，俗稱爲“斬客”。是以曲中有“日夜共你痴埋重慘過利刀”，因爲靠斬客，這種妓女對於無法再“開刀”的熟客就常常借故推辭與他們應酬，而向新客開刀。因此曲中有“近日見你熟客推完新客又不到，兩頭唔到岸好似水共油撈”。因此勸她“的起心肝搵番個好佬”。這一段曲詞，完全是寫這一種妓女的心態。

“雖則鴇母近日亦算有幾家係時運好，贖身成幾十個女，重有幾十個未開舖。”這幾句就是寫鴇母養女的妓女。曲中的“開舖”的“舖”字讀平聲，即鋪陳的鋪。“開舖”是妓院中用語。“未曾開舖”即還未接客之謂。

這一首《眞正惡做》，若只從歌題去看，是無法知道作者創作此曲的心意。作者借這首歌記珠江妓院的主要的制度和妓女的類別，以及環境都寫得很明白。例如因妓院在河上互相靠緊很容易火災，都寫了出來。又寫出河廳差役的勒索，寫出鴇母靠養女爲妓的情形。雖然只是三言兩語，但已經說得很淸楚。在當時由盲公在市內傳唱，對於未到過珠江妓院去過的人，特別是家庭主婦，是一種信息的介紹。是以當時傳唱也極流行。二十年代此曲在香港傳唱，也給香港人追憶以前珠江風月的情形。可惜現時無人能唱粵謳，若能唱的話，相信仍受歡迎。

有一首粵謳由道光年間一直流行到三十年代初，直到石塘咀妓院關閉才不流行的。這首粵謳也是招子庸的作品，曲名《生得咁俏》，是諷刺某些妓女由於生得俏麗而不擇手段向人客開刀，是屬於只愛金錢的妓女。俗稱這一類妓女爲“恃靚行兇”。曲詞寫得極爲生動，是家庭婦女最歡喜請盲就唱的粵謳之一，曲詞如下:

我生得咁俏，怕冇鮮魚來上我釣。今朝揸在手，重係咁尾搖搖。呢回釣竿收起都唔要，縱不是魚水和諧都係命裏所招。我想大海茫茫魚亦不少，休要亂跳，鐵網都來了，總係一時唔上我釣啫，我就任你海上逍遙。

這首粵謳在唱工精湛的盲就唱起來是特別引人入勝的。因爲造詣高，故能運用喜怒哀樂的唱法將曲詞唱得扣人心絃。這首曲他大多用諧趣的唱法唱出，把這位生得俏麗的妓女唱成一位不愁沒有魚上釣的漁家。在唱到釣得鮮魚尾搖搖的時候，特別引人發笑，把這類妓女的樂觀心情完全表達出來。唱到“休要亂跳，鐵網都來了”這一句，在“休要亂跳”之前，加插一句“你班衰佬”，唱成“你班衰佬休要亂跳，鐵網都來了”。唱得好像極有把握，將這些好色而迷戀於青樓的客人一網打盡。

還有一首詠物寄情的粵謳，當時很多婦女都會唱，因曲詞不足一百字，而且通俗易懂。這首粵謳名《結絲蘿》，曲詞如下:

清水燈心煲白果，果然淸白怕乜你心多。白紙共薄荷包俾過我，薄情如紙你話奈乜誰何。圓眼沙梨包幾個，眼底共你離開暫且放疏。絲綫共花針，你話點穿得眼過。眞正係錯，總要同針合綫正結得絲蘿。

這曲用燈心煲白果形容果然淸白，用白紙包薄荷形容情絲紙咁薄，用圓眼沙梨代表眼底離開。這種借物諷情的歌詞，在民間極爲流行，在很多哭喪嘆情的哀歌中，常常用到。

最美麗的師娘英華

二十年代有一位最美麗的失明女藝人，名叫英華。她除了雙目失明之外，相貌很端正，體態亦苗條，她戴上一副黑眼鏡，沒有人相信她是盲眼的。她初在歌壇唱歌時，年齡約爲十八歲。有人說她是桂妹師娘的徒弟，亦有人說是二妹的徒弟，其實她是一位有錢佬的女兒。她生長在富有的家庭，因出生時即失明，父母對她十分愛護。當時香港沒有失明人的學校，也沒有失明人的書籍。她的耳朵很靈敏，記憶力亦很强。

據說英華五歲時，聽見哥哥在書房讀書，讀的是古文評註，哥哥讀了三遍之後，她聽了即能照樣唸出來，因此父母特地請一位女教師回家教她讀書。這位女教師教盲女讀書寫字是有一套方法的。這位女老師用筆寫了一個大字，然後在字上灑上松香粉，有墨的筆劃便黏上松香粉，於是她將不黐墨的松香粉用手將紙震蕩，使之脫落，然後將這寫有字及字劃黐上松香粉的紙在燈火上輕輕地燂。松香粉經火燂過後凸起，她教英華用手摸上面的字體，然後教她認字和寫字。因此英華是識字的，而且會寫字和題詩。由於英華對音樂特別喜愛，因此父母又請名師回家教她彈琴和唱歌。又爲了鼓勵她不要有自卑感，特地請了很多失明藝人回家教她唱歌，因此二妹、桂妹、鍾德等都教過她。

在英華應該結婚的年齡，父母憂心她嫁不去，須知在那個時代裏，有身家的少爺們，誰會娶一位盲眼的少女爲妻，憑媒妁之言是很難撮合婚事的。因此有人提議，讓英華到歌壇上唱幾次歌，一方面讓她有機會表演她的歌喉；另方面在歌壇上露面，等於給她製造交際的機會，說不定有人憐才惜玉，愛上英華。如果查明這人身世清白，存心善良，則把英華許配給他亦非壞事。因此便由朋友介紹英華到歌壇唱歌。爲免讓人知道英華是富翁的女兒，故不用姓氏，只稱“英華”，每次由她的奶媽和她母親的近身女傭陪她登台，她的父母則作聽衆遠遠監視。

英華由於不屬於靠賣唱維生的失明藝人，因此她所唱的歌曲，都是古曲。粵謳是古曲之一，她選唱的粵謳，亦選較有文藝氣息的幾首。當時正是黃少拔將《客途秋恨》改編爲粵劇之時。她在唱一首名《難忍淚》的粵謳時，總先講幾句開場白。大意是說，招子庸的粵謳，也寫過繆蓮仙的，繆蓮仙有藕花盦詩，他常常在青樓上，題詩給妓女，這首粵謳，就是寫一位妓女思念繆蓮仙的，大家聽聽，就知道了，於是唱：

> 難忍淚，灑濕蓮枝。記得與君聯句在曲欄時。你睇粉牆尚有郎君字，就係共你倚欄相和那首藕花詩。今日花又復開，做乜人隔兩地。未曉你路途安否，總冇信歸期。蓮筆叫我點書呢段長恨句。愁懷寫不盡好似未斷荷絲。今日遺恨在呢處曲欄提起往事。唉，想起就氣。睇住殘荷凋謝咯，我就想到世事難爲。

英華是第一位發現招子庸的粵謳中這首《難忍淚》是寫繆蓮仙的，可知她唱曲和一般師娘及歌伶不同，是屬於有研究心得而唱的，顯得非常有才華。當時很多顧曲周郎被她一言驚醒，都說這首粵謳是招子庸寫給麥秋娟唱的。英華又說:“如果這首《難忍淚》是招子庸寫給麥秋娟唱的，則下面的一首《瀟湘雁》也是寫給麥秋娟唱的了，因爲這兩首歌，在《粵謳》中是排在一起的。”於是她再唱《瀟湘雁》:

> 瀟湘雁，寄盡有情書。衡陽消息俾做何如。雁呀，你聲聲觸起奴愁緒。虧我夜來殘夢捱到五更餘。春衫濕透離人淚，叫我點能等得合蒲還珠。爲郎寫不盡相思句。唉，情又不死，握手人何處。雁呀，我個知心人在，你爲我帶呢首斷腸詞。

這兩首粵謳由英華唱時，並不用“解心”腔唱，唱法是很特別的。有人說她唱的是揚州腔，其實她唱的是古腔。古腔和今腔有什麼不同，現時很多人把唱官話的粵曲稱爲古腔，這是不知所謂的說法。

英華唱的粵謳還有幾首值得介紹的，其中一首《桃花扇》，是將粵劇《桃花扇》的主要內容寫出來的，也是招子庸的作品，曲詞如下:

> 桃花扇，寫首斷腸詞，寫到情深扇都會慘悽。命冇薄得過桃花，情冇薄得過紙。紙上桃花，薄更可知。君呀，你既寫花容，先要曉得花的意思。青春難得，莫誤花時。我想絕世風流都無乜好恃。秋風團扇，怨在深閨。寫出萬葉千花，都爲情一個字。唔係你睇侯公子李香君，唔係情重，點得遇合佳期。

此曲雖然寥寥百字，但用古腔調唱時，也要唱十五分鐘至二十分鐘，因爲古腔的節奏很慢，而音樂亦拉得很長，每句與每句之間，都有音樂過門。這是古腔粵曲的特點。二十年代很少人唱這種慢節奏的粵謳，但英華因爲不是靠賣唱維生，唱起來又別有韻味，故受聽衆歡迎。另有兩首《點算好》，也是她極受歡迎的粵謳。《點算好》第一首曲詞如下：

點算好？共你相交又怕唔得到老，眞情雖有，可惜實事全無。今世共你結下呢段姻緣待等來世正做，你爲和尚我做齋姑。唔信你睇紅樓夢上有段鴛鴦譜，嗰個寶玉共佢無緣，所以黛玉得咁孤。佢臨死哭叫四個字，一聲唉，寶玉你好。眞正無路可訴，離恨天難補。罷咯不若共你淡交如水，免至話我係薄情奴。

另一首《點算好》，是寫一位流落京城的北方妓女，寄望於上京考試的舉人能高中，帶她回廣東。但這位廣東舉人結果名落孫山。曲詞如下：

點算好，君呀你家貧親又老，八千條路咁就冇一點功勞。虧我流落呢處天涯，家信又不到。君歸南嶺，我苦住京都。長劍雖則有靈，今日未吐。新篁落籜，或者有日插天高。孫山名落朱顏槁。綠柳撩人重慘過利刀。金盡床頭淸酒懶做。無物可報，珠淚穿成素。君呀，你去歸條路，替我帶得到家無。

英華也有唱片出版。除粵謳之外，也唱古粵曲，其中一首《秋江別》，是古曲《陳姑追舟》中的一段唱段。曲詞既非粵謳，也非梆子二黃調，錄出歌詞如後：

潘必正，被姑娘苦追於臨安，臨安府試，有陳姑，忙趕上，送別好的情郎在於秋江上。千叮嚀，萬囑咐，不覺奴的凄凉。凄凉淚下，潘相公，功名成就你便早還。切莫要，辜負奴家一片心。潘相公，又未知何年何日才把佳期重整。必正聞言，珠淚偸彈，別時容易見時難。昨宵相逢，喜多怨少，今日離情，言有千萬，秋江上一別情無限，對着相思好比兩岸山。送你到秋江凄凉分捨難。奴好比王昭君，死在雁門關。奴好悶，苦言難。秦樓楚館地，君呀你少臨。唉吔切莫辜負奴的話，相思淚滴濕透奴的衣衫。但願你一擧成名，早去早回免奴淚淋淋。有日裏，才把佳期挽，孤燈下夜長如年，想潘郎獨睡難眠。攜手叮囑言有千萬，切勿辜負奴的言。

這首《秋江別》既不是南音，又不是木魚，亦非粵謳。也不是梆子、二王、中板、慢板。據說是很早期的由失明女藝人唱的“揚州”調，這種古調粵曲，至今已失傳。

英華後來終於找到一位有情郎結婚，這位有情郎，是一位富家子。她後來所生的子女，沒有一個是失明的，就是她的孫輩，亦都人人聰明伶俐，可見失明並沒有遺傳。英華晚年生活得很好，子女曾爲她拜壽。她的丈夫事業成就亦不錯。

眇姬麗芳首本戲《祭晴雯》

早期失明女藝人之中，有一位麗芳亦值得一談。麗芳並不是完全失明的女子，她有一隻眼睛是看得見東西的，但視力亦不正常，遠的地方看不到，在眼前五六尺的一切，是可以看見的。故此她不必請人帶路，可以自己登樓，自己就座。她生得也很貌美，當時顧曲周郎，稱她爲“麗人”或“麗人芳”。

麗芳因爲有一隻眼能見物，雖然視力不足，亦不能稱爲瞽姬，故之人稱之爲眇姬。麗芳是正式拜二妹爲師的，因此她唱的曲，都是失明藝人常唱的曲本。當時盲德以唱《祭瀟湘》聞名於時，麗芳則以《祭晴雯》爲最著名。她唱《祭晴雯》亦用盲德唱《祭瀟湘》的方法唱，也是用“初杯酒”、“二杯酒”、“三杯酒”分三段唱。有人認爲她唱《祭晴雯》比盲德唱《祭瀟湘》更加好。今先將她唱的《祭晴雯》的第一段曲詞錄後:

> 離內院，出花間，只是荷花零落百花殘。瀟湘綠竹參差雜，蘅蕪草色已成斑。蟬噪疏林聲慘切，鹿啣芝草躲前山。秋景撩人空着眼，觸起秋情步竟難。行行不覺湖山近，只見芙蓉紅艷映羅衫。此處與嬌談笑慣，不意祭奠多情在此間。呼童即便排香案，禮物鋪陳祭姐玉顏。名香炷上情何限。心未成灰意自關。

我們用比較文學的方法比較盲德唱《祭瀟湘》與麗芳唱《祭晴雯》，就見到《祭晴雯》第一段的意景就比《祭瀟湘》更見凄涼。晴雯無靈堂之設，只能在從前同遊的地方致祭，這一段曲詞已比《祭瀟湘》的前段好，且看《祭晴雯》的第二段:

> 初杯酒，淚傾傾。叫句晴雯嬌姐鑒我微誠。寶玉花前相敬請，香魂何故寂無聲。有聲叫你做乜無聲應，萬望傍花隨柳顯下英靈。姐你紅顏命薄皆前定。獨係鏡分鸞影你話幾咁零仃。今日鮮花薄酒兼香茗，祭文一度表眞情。禮物雖微聊示敬，案前羅列奉卿卿。伏望英靈來鑒領，莫在瑤池埋怨話我無情。昔日亭前鬪草人何在，捉迷屏後已無聲。羅袂乍寒誰再整，孔雀裘披益愴情。

試比較盲德自撰的《祭瀟湘》的“初杯酒”的曲詞，便知道麗芳唱《祭晴雯》的“初杯酒”更是言之有物。

凡祭祀奠酒，習慣是奠三杯的，因此麗芳唱完初杯

酒之後，又唱“二杯酒”。二杯酒即是向死者獻上第二杯酒之謂。第二杯酒的曲詞如下:

二杯酒，奠佳人。返魂無術可回生。五載綢繆徒恨恨，點能抛別意中人。高標見嫉憐紅粉，深信情根是禍根。曾記夢中相扣問，玉皇封你作花神。雖然夢寐言難信，引古證今亦可當眞。長吉昔年曾被召，玉誠相感可爲神。蓬萊阻隔難親近，天上人間並蒂分。你睇雀鳥有情應見慣，金籠鸚鵡出喚晴雯!

二杯酒是回應初杯酒時提及很多的花，說出因爲夢中見到晴雯被玉皇大帝封爲花神。最後又借能說話的鸚鵡叫晴雯。曲詞比盲德的《祭瀟湘》毫不遜色。

不過，到“三杯酒”時，便沒有以上兩段的文采了，可以說是平常之作。不過，麗芳唱到“三杯酒”時，卻是用苦口南音唱出，唱得特別幽怨凄涼:

三杯酒，恨重重，有懷未遂恨塡胸。共你携手宴遊成幻夢，難向瑤台月下逢。可惜風流情義重，就算西子楊妃拜姐下風。我想嬌花怎耐狂風打，弱柳難支驟雨風。恨殺讒人將計弄，枉屈嬌嬈恨未窮，今日珠沉江海中何用，好勝爭强事總化空。惟願英靈相感動，再能圓叙世相從。

麗芳唱《祭晴雯》最後一段《祭罷》的曲詞，是用另一種口脗唱的，先將曲詞錄後:

祭已畢，更悲傷。寶帛燒焚苦斷腸。襲人香靄無心向，秋水悠悠懶去流觴。奮關射日成空想，青燈愁對嘆凄涼。顧影自憐添惆悵，嘗蒙行近啓言章。佢話嬌姿自作仙班女，相公何用過悲傷。倘或苦憶多嬌成病症，姐在蓬萊也慘傷。古道佳人多薄命，安能歡聚百年長。你睇稻香村外鴉歸晚，野

歌姬月旦

麗芳

麗芳係眇目歌娘。於色之一字。雖不無缺損。惟個妮子貌殊弗俗。低鬟一笑。覩者輒誤爲明娘。而「艷人」之意。同時湧現於腦海中。實則麗娘雖眇。其美態每爲明娘所弗克企及。故頗惹一般顧曲周郎之追逐。況夫彼姝之歌喉婉喨。尤足動人耶。邇偕老友赴如意聽曲。偶值麗娘。度泣荆花一曲。其腔圓字正。確堪稱賛。惜該曲原文不通。未免有聲無辭。不過以之較其他唱是曲之歌娘。實勝一籌。當其唱至「……借問瑤山有多……少路……遠……」一句。其跌宕悠揚。令人神往。加以音樂方面各技師。均屬名手。故益增聽曲者之趣味。想前人所謂「霓裳羽衣」。當亦不過爾爾。吾友後謂余曰。麗芳爲瞽姬二妹之高足。二妹爲港中有名之瞽姬。以唱工名於時。有此師宜有此徒也。余曰。憶昔聆二妹。今覩麗芳之落力處。頗近二妹。君言誠信也。

在《歌聲艷影》中一段評論麗芳的文章

樹連雲障夕陽。勸君息念回窗去，莫因紅粉誤書香。含情寶玉忙移步，抱恙遲遲自酌量。記得嬌姿病篤臨危日，遺下羅衣尚帶淚珠香。今日物在人亡堪嘆息，怡紅幽寂更凄涼。回望芙蓉仍掩映，見物懷人意自傷。愁別不禁情悵悵，只願夢魂依舊會下嬌娘。

麗芳唱南音並不比盲德遜色。盲德被選爲盲公狀元，是因爲他唱時能敘事與對話分明。在敘事時用一般聲調，此即盲德本人的聲調唱。到對話時，則寶玉的說話用小生聲調唱，黛玉的說話用女聲唱，童僕、丫環的話，又用另一聲調唱。唱到悲傷時則用“苦口南音”唱，故聽曲者有如見其人如見其景的感覺。麗芳完全有這種功力，只因她出道較遲，並沒有參加比賽，若她能參加比賽，相信也會奪得冠軍。

麗芳唱“祭已畢，更悲傷”到“青燈愁對嘆凄涼”這一段，仍用寶玉的聲調唱，而且是唱慢板的。下一句“顧影自憐添惆悵”起，即改用快板唱，同時用敘事口脗唱，有一種催促寶玉回去的氣氛，配上書童勸寶玉不可因爲晴雯之死而荒廢學業等句，令聽衆更有身歷其境及親見其情的感覺。到最後兩句又突然慢下來，令人回味無窮。麗芳這位眇目歌娘的曲藝實在不比盲德爲差，但是卻沒有文人爲她所唱的歌而出版歌集，不似盲德有人爲他出版《今夢曲》。主要的原因，仍是有重男輕女的意識存在。

杜煥清場唱淫曲《陳二叔》

杜煥是香港最後一位會唱早期失明藝人唱曲的瞽師。他唱的曲中，包括了早期許多瞽師都會唱的淫曲《陳二叔》等。

對於《陳二叔》這首淫曲，相信很多朋友都有印象，但卻忘記了曲詞。其實要找回曲詞並不困難，不過不在本港，而在美國匹茲堡大學的音樂圖書館內。這首淫曲只有匹茲堡大學留下全部記錄，可以說，這是唯一的孤本。它不被人們作爲淫曲去欣賞，而被視爲民間說唱文學中的一部分，是屬於唱工中描述性行爲的一種演唱藝術。筆者曾聽過該圖書館的錄音，唱者正是杜煥瞽師，是用"板眼"來唱的。

爲什麼杜煥的錄音要在美國才找到？原來六十年代，歐美各大學的學者，在香港曾進行木魚書收集。由於他們發現木魚書是民間說唱文學之一種，而廣東用粤語說唱的木魚書是最多的，因此來香港收集。香港大學爲此也及時收購，不致全部流落外國。

當木魚書收集告一段落之後，一個新問題便提將出來。這問題是木魚書既是說唱文學，大家收集了木魚書，但不知木魚書怎樣唱法？唱的曲調怎樣？實在需要及時找到會唱的藝人來唱。當時發現本港碩果僅存的一位老年失明藝人杜煥，於是在七十年代初，美國匹茲堡大學一位副教授向基金會申請一筆經費，以長達三十多天的時間，將杜煥生平唱過的曲藝全部錄音。

這位學者曾告訴筆者，由於杜煥早年曾在富隆茶樓的歌壇上唱過，故他們便特意到當時還未拆建的富隆茶樓去，商得主人的同意，選定一天下午，帶杜煥到富隆茶樓來，在茶樓內演唱一次，將早期失明藝人在歌壇演唱的情形，作一次模擬的演出。當時拍了很多照片，算是留下失明藝人在歌壇演藝時的一分紀錄。可見學術界對失明藝人的演藝研究是如何地認眞。

此外，這位副教授還請杜煥在一私人的地方內，演唱多本木魚書，並進行錄音。他們向杜煥說明請他唱曲的目的是進行研究，並不强制他唱齊所有的木魚書，隨他意之所至而唱。須知木魚書多到凡千種之多，一位失明藝人是不可能完全記得每本木魚書的唱詞的。他記得某本木魚書中的一段唱曲，就唱這一段。當時給杜煥的酬金是很高的，因此他唱得特別用心。每次唱兩小時至三小時，然後同他去飲茶吃飯，休息好一回，下午又唱二小時左右。有時，他講述他學師時和初出道時的經歷，這些都是屬於一位失明藝人的回憶錄。這部分的回憶也進行了錄音，是相當珍貴的資料。

就是在他談及學師時的情形時，談到師傅教他唱《陳二叔》的情形。負責進行訪問和錄音的都是青年學人，他們連《陳二叔》的曲名也未曾聽過，第一次聽杜煥說《陳二叔》是鹹濕歌，於是請他唱。杜煥說，待唱完了所有唱曲之後，找一天唱給他們聽。但是，他們必須答應，這首《陳二叔》的錄音，不能給任何女人聽的，因爲師傅教授的時候，吩咐此曲不能讓女人聽到。杜煥要他們答應了才肯唱。

其實杜煥生前，很多香港富人也請他唱《陳二叔》，他都說不會唱，把對方的優厚的酬金推辭不受。但筆者知道他是會唱的。問他爲什麼不唱，他私下對筆者說，這首淫曲，當年師傅教授時，曾千叮萬囑，說這首《陳二叔》所以傳授給徒弟，並非叫徒弟用這首淫曲來謀生，而是用這首淫曲來救命的。換句話說，除非到了絕境的時候，沒有錢買米開飯時，才能拿出來唱一次。唱的時候要收最昂貴的酬金，同時不許女性聽到。

杜煥當時未到沒有飯吃的田地，是以推辭不唱。他又說，師傅教授此曲時說過，由於這是淫曲，唱一次會折福一次，因此他一生人只唱過兩次，兩次都是在戰時因爲沒有飯吃，不得不唱來換米，是眞眞正正的用來救命的。但是，他後來爲什麼又肯唱《陳二叔》並給匹茲堡大學錄音呢?

因爲杜煥提出在唱《陳二叔》時，只准一人錄音和聽他唱曲。負責這次錄音的是一位在香港長大的英籍華裔學人，他會說流利的廣州話，但因他原籍是上海，故對於曲中很多方言都不明白，亦不明白流行於民間的各種性行爲的名目。他後來回到美國後，整理到這首《陳二叔》時，特地從美國回港，準備再向杜煥請教，但杜煥已經去世了。這位英籍華裔學人知道筆者歡喜研究廣東民間說唱文學，於是請筆者談談這首《陳二叔》。

關於《陳二叔》的曲詞，是不能刊登出來的，因爲整首曲詞都屬於淫褻文字，刊出即有違法例。只可以將曲中的內容略爲介紹:

全曲是敘述一名女子混號姣出水，因爲思春，叫她的近身女傭去找一個男人回來，這個女傭便找了陳二叔回來。陳二叔便和她在房中邂逅，以後大段唱詞就是繪影繪聲地唱出床上的情形。平心而論，杜煥是唱得並不十分下流，比從前一些盲公唱這首曲時要加幾毫子“肉緊”是文雅很多的。

三十年代唱《陳二叔》的盲公，除了要求高代價籌金之外，還要求加多五毫錢“肉緊”。當時唱一曲《陳二叔》的代價是二元，等到唱到中途，突然停下來，說，各位若想聽得精彩就要加五毫子“肉緊”。聽曲的人不能不再給五毫。所謂“肉緊”，即是唱得特別淫褻。杜煥唱時並不怎樣淫褻，他在曲中還加插了很多鹹濕故事。故而鹹濕得來也並不太下流。筆者認爲是杜煥在最佳狀態時唱此曲的。

杜煥當時還唱了另一首淫曲，這首淫曲是很多失明藝人都不會唱的，此曲名叫《爛大鼓》，是一首快板的淫曲。這首《爛大鼓》也錄了音，現放在匹茲堡大學音樂圖書館內。由於談早期失明藝人的掌故，不能忽略這首淫曲，故在結束之前，特地談談，否則便不算完整。同時向研究失明藝人唱曲者提供信息，他們可以到匹茲堡大學去研究。